JN039215

波動の時代を生きる

ワンネスと宇宙意識

はせくらみゆき
ジュリアン・シャムルワ

徳間書店

Oneness and Cosmic Consciousness

波動はとても重要な概念です。
波動を伝えることはすごく大切で、
キー（鍵）となるコンセプトだと思うのです。

——ジュリアン

宇宙の存在たちから、目に見えない世界のことを
「僕の周りの人たちに話してみなさい」
というプレッシャーも
言葉ではなく、波動で来ました。

——ジュリアン

私も、数十年前に、見えない存在から
コンタクトを受けたことがあります。
「これから地球の次元が上がっていくので、
地球に住む人々も、その流れに乗れるよう、
霊性進化のスピードを速めてください」という
強い祈りにも似た「意識」が繰り返しやってきました。

——はせくら

今、この瞬間の中に、多層の宇宙が拡がっています。
私たちの日々の営みの中に、
多層宇宙の扉は開かれていて、
その中に、さまざまな存在や生命体たち、
すでにこの世界から去った、
あなたの大切な人たちもいます。

——はせくら

初めてＵＦＯを見た時、その直前に宇宙の存在から、
「そろそろＵＦＯが現れる気がするけど、
心の準備はできているかな？」と質問されました。
その後、宇宙存在の訪れの現象が始まった時に
「今回初めて会ったわけではない」と感じました。
チームとして働いているような雰囲気がするわけです。

――ジュリアン

Universeとは英語で宇宙のこと。
この単語は、Uniという「ひとつの」という意味に、
Verse（詩）という言葉が連結しています。
ということは、宇宙は「ひとつの詩（うた）」
でもあるのです。

――はせくら

宇宙の存在が私たちの日常生活を変えたり、
歪めたりする力を持っているのは、
波動の周波数を自由自在に変えることができたり、
波動を自由に扱うことができる存在だからです。

――ジュリアン

意識のシフトで感じた愛は、
今まで体験したことがないぐらいの愛で、
愛と喜びがひとつになるというものでした。
愛、喜び、美しさ、この三つを融合した
心の動きを感じられる体験でした。

——ジュリアン

Contents

Chapter 1

宇宙の存在とコミュニケーションが取れるようになるために

Chapter 2
宇宙存在との交流とワンネス、異次元の世界

Chapter 3

違う次元にアクセスができる

Chapter 4

ジュリアンの「地球に来る前の記憶」

Chapter 5

これからは波動の次元です

装丁　三瓶可南子
編集　豊島裕三子
カバー写真　©Alamy Stock Photo/amanaimages

はじめに　私たちは「周波数キーパー」です

はせくらみゆき

初めてジュリアン・シャムルワ氏と出会ったのは、２０１９年の秋でした。

当時、居住していたイタリアの街に、日本から友人が遊びに来てくれて、一冊の本をプレゼントしてくれたのです。それが、パリ在住のフランス人が書いた書籍『ワンネスの扉―心に魂のスペースを開くと、宇宙がやってくる』でした。読み始めた途端、心の奥が、なんともいえぬ懐かしさでいっぱいになったのです。

その後、友人を介してパリでお会いすることとなりました。初印象のジュリアンは、物腰の柔らかな好青年で、どこかしら日本的な雰囲気も醸し出しています。

私たちは、瞬く間に意気投合し、たくさん語り合い、現在へと至る友情をはぐくんでいます。というのは、互いに体験した内容や捉え方が似ており、かつ、あるメッセージを共有していたからです。

ジュリアンは語ります。ワンネスというのは〝**圧倒的な愛を体験しながら、宇宙は完璧だと体験していること**〟であると。

いったいこれはどういうことなのでしょうか？　この質感（クオリア）を感じ取るにはやはり、体験がものをいう世界で、理屈や仕組みを語ったところで、わかるというわけではないのだと思います。

もちろん**ワンネス体験にも、深さのレベルがあり、それぞれの意識成長の度合いに見合うべくものが訪れる**わけですが、私が初めて、ワンネスと呼べる体験をしたのは、今から30年前のことでした。

当時住んでいた横浜のマンションの近くにある緑の小径《こみち》を歩いていた時に、それは突然やってきたのです。

その時の感覚を鮮明に覚えています。空や葉っぱ、小石、虫……あらゆるすべてが光が変化《へんげ》した姿として映し出され、それらが皆、それぞれの音（振動）を放ちながら、響き合っていることを感じました。それは言葉を超えたところで、ただあるがままに映し出されている圧倒的な愛、そのものだったのです。

私は勝手に流れてくる涙に戸惑いながら、そろそろと緑の中を歩いていると、明らかに自分ではないと思う感覚が想い（振動）となって届きました。

「ようこそ。自然の王国へ」はっきりと響いたその声は、周りの木々たちが語っているのだとわかりました。

すると、コツンと頭の上に何かが落ちてきたのです。それは長さが30センチ近くある、巨大な松ぼっくりでした。驚きとともに松ぼっくりを拾い上げると、また想いが内側から響きます。

「これは私たちの王国からのプレゼントです。木や花、星や風もみんなおしゃべりしています。やっと話せて嬉しいです」と。

そして内なる導きとともに、自分自身が宇宙の一部であり、かつ宇宙を抱く我として今この瞬間を生きているのだということを知覚したのでした。

とはいえ、いきなりそうした感覚が訪れたわけではなく、長い期間をかけて、ゆっくりとワインを醸造するがごとく、最初の一口の「試飲」をしてしまったのであろうと捉えています。

ジュリアンと私は、ワンネスについて多くの時間をかけて語り合いました。と同時に、そこへと至るプロセスで、似たようなサポートを受けていることに気づいたのです。それは「存在たち」と呼ぶ、異次元に属する意識体で、互いに、意図して望んだわけではないことも、共通していたのでした。

さて、2020年代も中盤を迎えようとする今、目に見える出来事としては、穏やかではないことが多々、起きていますが、水面下では着実に、新しい時代に見合ったパラダイムが訪れようとしています。

その中で、最も顕著な変化は、私たち、人間の中核を成す意識が変わっていくということです。つまり、肉体やマインドを自己の中心に捉える意識から、本質・魂を主として、肉体・心を従と考える「霊主肉従」の在り方へとシフトしていくことになります。とはいえ、こうした選択は、個人の自由意志に任されているため、それを選択しない自由もあるということではありますが。

しかしながら、霊（れい・ひ）を主体として考える在り方は、地球という惑星意識にとっては、長い間閉じ込められていた限定的周波数の場からの解放を意味し、宇宙のスタンダードである多次元的時空間の中で、地球の持つ役割と可能性も、ぐんと広がっていくことになるでしょう。そこには、他の宇宙文明と交流することで進化が加速されるパラレルアースも含まれます。

すべての鍵を握っているのは、私たち自身です。

もっというと、私とはいったい誰なのか？

その私は、何をしたくてここ（地球）にいるのか？


その問いに対する答えが明確化された時、あなたの内にあるマスターキーが鍵穴に差し込まれ、宇宙が、世界が、あなたに向かってなだれ込んでくることでしょう。

本書は、そんな近未来を体験することになるであろう、あなたのサポートブックです。


読み進めていくとわかりますが、幾度も出てくるキーワードがあなたを次なる世界へといざないます。先にお伝えすると、それは**「周波数」であり「波動」です**。

私たちは周波数の護り手――「周波数キーパー」でもあります。

どの波を発振し、どの波と共振するか。どの波を受信し、どの波を増幅させて、波動関数を収縮させて粒子化（現象化）させるのか、それらはすべて、自ら自身が電波塔となって受発振できる、あなたの波エネルギーに起因しています。

本書では、波動についての理解を深め、ワンネスについて、多次元や異次元との関わりなど、不可視世界多岐にわたる話題を取り扱っています。

個人的に興味深かったのは、それぞれのお国柄の違いなのか、ジュリアンの捉え方が、日本人の私にとって新鮮なものが数多くありました。やはり感性重視の日本的感性と、理性重視の西洋的感性ではアプローチの方法が異なることを感じました。

けれども、帰結は、一緒になるのです。そこがまた面白い。

こうして人種を超えた交流をひとつの型としていずれ、地球存在（人間のこと）と、地球系外存在（宇宙の同胞たち）との交流も始まるということでしょうか？

ぜひ、二人の対談の中に、あなたの意識体も参加していただければと思います。

時空間が共有され、エネルギーフィールドが伝播されることによって、さらなる素晴らしい時空が共創されますことを願っています。

さぁ、「宇宙を生きる」新しい振動数の世界へ、扉を開けて進みましょう。

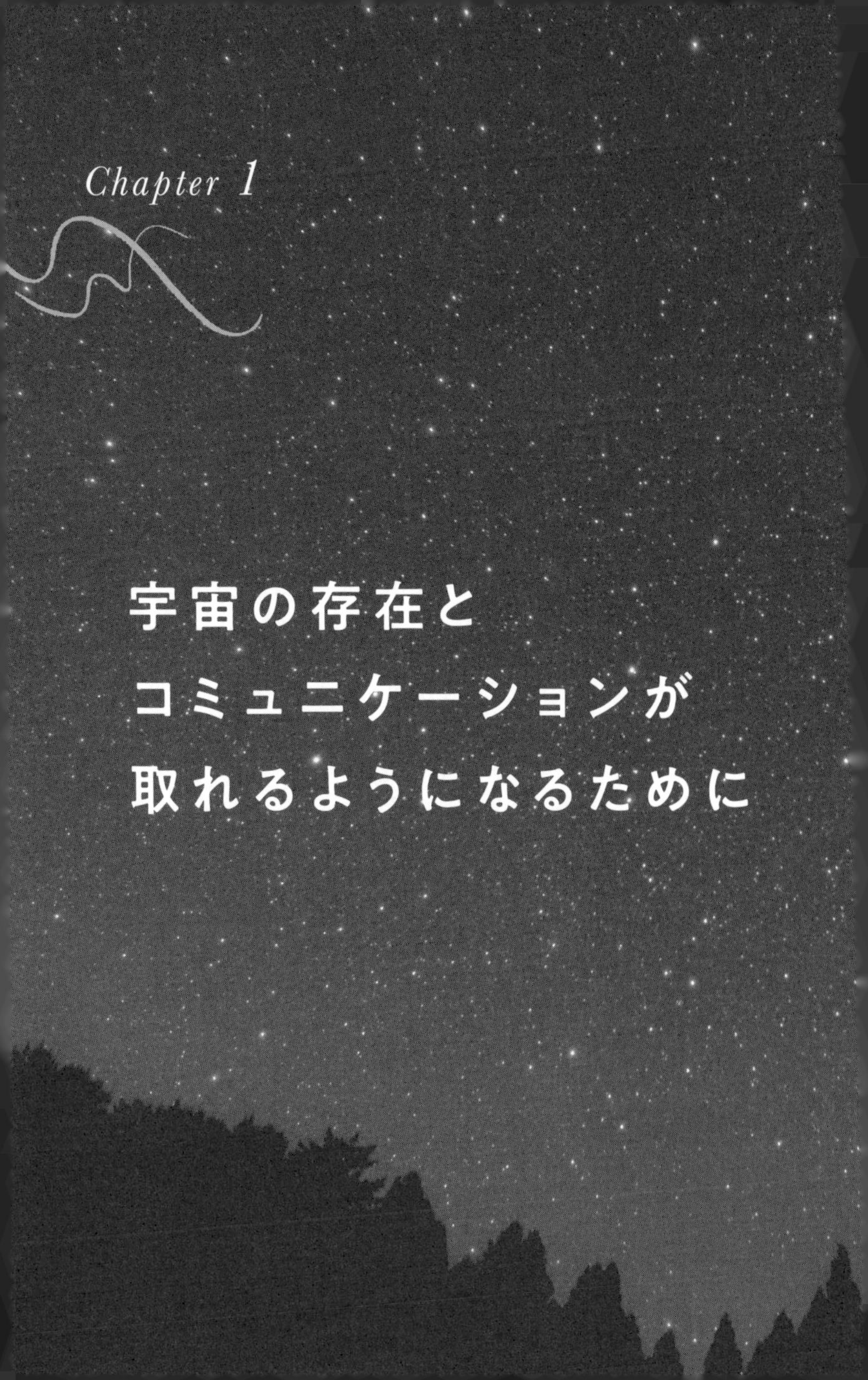

Chapter 1

宇宙の存在と
コミュニケーションが
取れるようになるために

◆二人の出会い

はせくら　初めてジュリアンと出会ったのは、オペラ座の近くにあるプチホテルのロビーでしたね。

ジュリアン　そう、共通の知人からの紹介で、パリまで来てくれたんですよね。

はせくら　あの頃は、イタリアにいたので、比較的行きやすかったんです。

なぜ、お会いしに行ったのかというと、私も、ジュリアンと同じように、数十年前に見えない存在からコンタクトを受けたことがありまして……。もともとそうした世界に興味がなかったので大変戸惑いました。

けれども、伝えられる内容があまりに専門的であったことと、そこから流れてくる質感が慈愛に満ちていたことを思い、おそるおそる受け取ることにしたのです。

そんな中、私は彼らにある質問を投げかけたのですね。

それは「同じようなメッセージを他の人も受け取っていますか?」と。

すると――Being（存在たち）は、「ええ、もちろん。世界中におりますとも。いずれお会いすることになるでしょう」と伝えたのです。

時は経ち、2019年のことでしたが、私はその時のメッセージがずっと忘れられずにいたのですが、友人からジュリアンのお話を伺った際、直感的に「あ、この方はきっと同じメッセージを受け取られているんじゃないかしら？」という想いがやってきたのです。それを確かめるべく、飛行機に乗ってジュリアンに会いに行った、というわけです。

ジュリアン　ありがとうございます。けっこう衝撃的な出会いでしたよね。

はせくら　ええ。長らくBeing（存在たち）――それは「宇宙存在」と言ってもよいのだと思いますが、これから地球の次元が上がっていくので、地球に住む人々も、その流れに乗れるよう、霊性進化のスピードを速めてくださいという、強い祈りにも似た「意識」が繰り返しやってきたのです。

そんな中、私自身も、また社会的にも、さまざまな変化が訪れるわけですが、常に何か大いなるものによって見守られている……そんな感覚がありました。

ただ、Beingたちのことをあからさまに伝えることは、私の役ではないような気がしていて、躊躇していたのです。

そして数年前、ジュリアンの著作『ワンネスの扉』に出逢うわけですが、ページを開けた途端、不思議な懐かしさでいっぱいになったことを覚えています。

◆『ワンネスの扉』が出たことは奇跡的な出来事でした

はせくら　ジュリアンの『ワンネスの扉』の本が出たのはいつでしたか？　目に見えない存在との交流を綴ったワンネスの体験記ですね。

ジュリアン　２０１９年の4月に出版されました。

はせくら　本が出版された後から今に至るまで、何か変化はありましたか？『ワンネスの扉』が出てから、２０２２年の今に至るまで3年経っているので、変化とか興味の方向が変わったとか、ささいなことでも教えてもらえたら嬉しいです。

ジュリアン　この本が出版されたことが自分でも信じられないくらい奇跡的な出来事だ

と今でも思っています。

なぜかと言うと、「誰かこの内容に興味を持ってくれる人がいたらいいな、でも少ないだろうな」とずっと思っていたからです。

はせくら なぜ、興味を持つ人がいないと思っていたのですか？

ジュリアン 「こういう話は誰かの役に立つのかな？」という気持ちでした。なぜかというと、まず僕はフランス人でフランスに住んでいますが、フランスで見えない世界の話をする機会は、とても少ないからです。

ワンネスについてが本の内容の中心になっていますが、私たちには「**本当の自分**」と「**マインドの自分**」が存在していて、フランス人はどちらかというと「マインドの自分」に従って日常生活を生きていると思います。

ワンネスの扉
Door way to Oneness
心に魂のスペースを開くと宇宙がやってくる
ジュリアン・シャムルワ 著
僕たちは「人間」の体験をしている宇宙なのだ！
16歳のある日、UFOを目撃。謎の宇宙人との交流が始まり、やがて繰り返し起こるワンネス…！
「愛の宇宙」をリアルに綴った、圧巻のワンネス体験記

対照的に、日本の人々は「**敏感性**」を持っているといわれ、「マインドの自分」よりも「本当の自分」として物事を感じるという感性があると思います。

僕が体験した出来事は、どちらかというと「マインドを超える次元」で体験しているもので、そういった感性とつながっているところがたくさんあるのです。

◆「マインド」と「本当の自分」について

はせくら　「マインド」について、少し説明してくださいませんか？　あと「本当の自分」についても。

ジュリアン　そうですね。「マインド」と「本当の自分」という区別は大切なことです。僕は日常生活の中で、それを常に意識しています。

この二つの自分を説明するのに、コンピューター用語を使ってみますね。

「マインド」は自分の体の操作を担っているソフトウエアです。

そして、体はハードウェアです。

また、「本当の自分」はユーザーであり、「本当の自分」は体と「マインド」を通して、この3次元を体験している存在です。こんなふうに考えてくださると、わかりやすいでしょうか。

ヨーロッパでは、マインドは思考であり、現実を理解する媒体だけでなく、「思考は自分である」という概念が社会のベースとしてありますが、そこが間違いだと思います。

マインド、つまり思考は、自分ではありません。

「私」つまり「本当の自分」は、より深いレベルで存在しているものであると、ワンネスを体験したおかげで気がついたのです。

「マインド」と「本当」の自分を区別するための方法はいろいろありますが、基本的には、**マインドは時間と空間の範囲でしか物事を考えられないものです。**

一方**「本当の自分」は敏感性を持ち、時間と空間を超える次元で物事を体験する存在ですので、日本語の「魂」や「心」という言葉にもっとも近いものだと思います。**

思考は将来のことを想像する時、どんな形でどのように発展していくのかをいろいろイメージして期待とストレスを生み出し、過去のことを繰り返し反省して後悔もします。

要するにマインドである思考は「今現在」に立っていないものですね。

そこで、宇宙の存在たちとのコミュニケーションの中では、「思考は邪魔になる」と気がついたのです。向こうが伝えたいことの解釈を誤解したりする原因なのです。

◆宇宙存在にプレッシャーをかけられて出版しました

ジュリアン　本の内容は、私ジュリアンというひとりの人間が、宇宙の存在たちとの関わりの中で気づいたことや、彼らからの「日本に行きなさい！　そういう話をしなさい！」という励ましというよりも、プレッシャーをかけられたというものです。

はせくら　プレッシャーをかけられたのですか？（笑）その宇宙存在たちから、「やれ！」と？

ジュリアン　はい。でも、最初は断りました。わざわざ日本まで行って、誰もわからないような話をしても、相手にされないだろうと思っていましたから。

はせくら　ジュリアンのマインドがそう言っていたのでしょう？

ジュリアン　そうです。僕の思考で解釈していました。僕のマインドがそうやって断っていたので、向こうはプレッシャーをより強くかけなければと思ったのでしょうね、どんどん強いメッセージがやってきました。

そういうやりとりを何度も体験し、「もう、わかったから」、と一度はなったものの、少したつと「ちょっと待って、やるにはやるけれど、でも……」となりました。

すると再び宇宙存在たちから「だから、やれと言っているじゃないか！」とプレッシャーをかけられて「はい、やりまーす」という感じでした。

はせくら　その宇宙存在たちというのは、かなりクリアに感じるものでしたか？

ジュリアン　ええ。そして彼らは宇宙のことをより理解していると感じます。

彼らはワンネスの状態を理解していて、そういった体験に導くことができる存在だということを知りました。宇宙存在たちは、なかなか深い次元を理解している存在だと思います。

はせくら　その存在たちとコンタクトする時は、直感を使ってですか？

またはハートに直接波動言語を通して……つまりテレパシーとして入ってくるものですか？

ジュリアン　初めてUFOを見てから、ほとんどが突然です。例えば、誰かと話している時に、いきなり「バーッ」とくる感じです。

話している内容とはまったく関係がないのに、突然、別人に話しかけられたみたいに、なぜこのタイミングで？　と思うほどいつも突然です。

はせくら　それはジュリアンの中では聞こえても、他の人には聞こえないわけですね。

ジュリアン　その通りです。

はせくら　そういう時にどうするのですか？

ジュリアン　普段は「ちょっと待ってください、メモを取りたいので」と携帯に書きこんだり、紙にメモを取ったりして、宇宙の存在たちの言うことを書き留めておいたのです。

はせくら　その存在が「日本で本を出せ」と？

ジュリアン　はい。以前に台湾に住んだことがあり、そこで教科書を出版したのですが、フランスに戻ってからも台湾とフランスを行ったり来たりという時期がありました。

ある日、台湾への旅の準備を始めようと考えていると、突然彼らから「台湾まで行くなら、足を延ばして日本まで行きなさい！」「話をしなさい！」と話しかけられたのです。「なんだよ、突然」と思っていると、「こういう話をして、波動の話もして、宇宙の話とか、ワンネスの話をしなさい！」と声がして、僕は「その話、日本語でするわけ!?」と思いました。２００９年のことです。

その時は「できるかどうかちょっとわからない」と思ったのですが、すぐに、知り合いのなおこさんが浮かんだのです。そこで彼女に聞いてみたら、「ええ、いいわよ」と言ってくれたので、「では、やるしかないな」と思いました。

はせくら あまりにも簡単に決まった（笑）。

ジュリアン そうです。僕は行動派ですので、もう決まってしまった以上、やるしかないと思い、「じゃあ、やります！」と。

◆哲学では「本当の自分」とはつながれない

はせくら そこに至るまでの葛藤はかなりあったのでしょうね。

ジュリアン そうです。「なぜ、ワンネスの話をフランス語ではなく日本語でしなければばいけないの?」とか、「僕がわざわざ日本に行って話をするよりも、誰か日本人で話ができる人がいるのでは?」「そのほうがもっと効果的では?」と思ったからです。

でも、そういった僕の疑問に対して宇宙存在からの答えはなく、ただ「行きなさい!行きなさい!」とプレッシャーをかけられて、僕が根負けしたかたちで「ハイ、ハイ、もうわかったよ!! 行くよ!」となりました。

はせくら ジュリアンが「なぜ?」と言っても、宇宙存在からの答えはなかったのですか?

ジュリアン そう、無言なのです。それはマインドの質問なので、「私たちはマインドと話をしたくない」「マインドと話をしても意味はない」というような、そんな雰囲気が伝わってきました。

はせくら 「あなたのエゴ(自我意識)と付き合う暇はありませんよ」という感じですね。

ジュリアン そんな感じです(笑)。

はせくら ちょっと厳しいですね。

ジュリアン そうかもしれないです。「やれ、やれ!」と言われても、マインドから見ると理論的ではないので、自分がそう思えなくて、けれど向こうの存在から「やれ、やれ」とせかされる。「なぜ？　なぜ？」と聞いても無言で、「その質問をする場ではない」という雰囲気でした。

もしかすると、僕の深いところでは納得していて「やる！」と言ったのではないかと思い、他の次元とつながることができれば、その理由がわかるかもしれないと思いました。

はせくら　「深いところの自分」というのは、もっと「高次の自分」ということですか？

ジュリアン　そうです。「**マインドを超える存在**」です。当時は「高次の自分」とのやり取りはまだありませんでした。今でもクリアにコミュニケーションを取っているかというと、まだまだですが。

当時、マインドがすべてとは思っていませんが、生活の中では役割を演じてくれるマインドが必要不可欠と思っていました。

「マインドを超える存在」として物事を考えたり、感じたりする機会は日常生活の中ではあまりないですが、でも、そういった見方があることは知っていました。

はせくら　ヨーロッパや西洋のものの見方には、より深い部分の自分とつながるという、ものはないのでしょうか？

ジュリアン　いい質問ですね。考えてみると、日本でいう「敏感性」はフランスやヨーロッパにはないように思います。

例えば、ギリシャ哲学の本をとっても、哲学というのはマインドの話だけになっているように思えます。もちろん深いところもあるのですが、マインドを超える「本当の自分」、「真の自分」とつながる次元までは至らないだろうと。

はせくら　マインドというと日本では心や精神のことを意味していて、真の自分を指す時は、やはり**魂とか本質、真我**といった呼び方になると思います。

ジュリアン　そうですね。哲学的な観点を超えてみると、例えばニューエイジなら、瞑想をすることで「本当の自分」やインスピレーションとつながることができるといった話は、今ではかなり頻繁に耳にするようになりました。

はせくら　そういえば、この前パリに行った時、街角に貼ってあったポスターには、ヨガや禅という言葉が書いてあったので、今、そうしたものが人気なのかなと思いましたが。

ジュリアン　いいえ、フランスではヨガは体育の一種として捉えられていて、ヨガをやるのは体のためだけです。

はせくら　エクササイズということ?

ジュリアン　そうです。より柔軟な体を持つための練習みたいな感じです。

はせくら　一種のトレーニングなんですね。精神性というものは、さほど重視されていない?

ジュリアン　残念ながら……。

はせくら　そんな閉塞的な社会の中で、ジュリアンはよくワンネスの世界を体験されましたね（笑）。

ジュリアン　はい、体験させられました。自分から体験したというのではなく、向こうがプレッシャーをかけて「この体験をしなさい!」と言ってきたのです（笑）。

◆「自分という存在を超えるもの」を伝えたい

はせくら　本が出来上がった後の社会的な変化、あるいは個人の心の変化などはありましたか？

ジュリアン　個人としての変化としては、まずこの本ができた時に、自分には子どもはいませんが、「あ、子どもができた」というか、自分とは別な存在として誕生したこの本自らの存在が始まった気がしました。

この本が出たことで、自分とは別の存在が動き出すと感じたのです。

本の内容に興味を持ってくれる人が多くいると感じましたし、それが素晴らしいことに思えて、皆さんのお役に立てればいいなと思いました。

出版後に日本に行って、『ワンネスの扉』の講演会をいくつかの会場でしたのですが、50人、100人、150人というように、大勢の人を集めるためには必要な流れだったと理解できましたし、結局、宇宙の存在たちはよくわかっていたんだなと気がつきました。

はせくら　最初から「日本に行け、行け」と言われていたのですものね。

ジュリアン　でも、本当にお役に立てるかどうか、不安でした。

いくら「行け！　行け！」と言われても、それが何のためかわからないと自分は行けないので、曖昧な気持ちもありました。

はせくら　本になるところまでポンポンと進んでしまって、そしてこの子が自立して、いろいろ役割を果たして、それによってジュリアンは本に書いてあることが、みんなと共有できるものだという確信を持たれたのですね。

ジュリアン　ほんの少しでも僕の体験をシェアするために「行け！」と言われているのはわかっていました。

この体験自体が、ジュリアン・シャムルワという存在のためではなく、もっと大勢の人のための内容になることがわかっていたので、自分のためでなくてもいい、というぐらいの気持ちで日本へ行ったのです。今でもそうです。

本に書いたことはすべて僕が体験したものですが、ただ僕という個人にはふさわしくないと感じるのです。

はせくら　なぜ？

ジュリアン　この体を通してこの存在が体験したものであっても、**大きく伝えたいことや根底にあるものは、「自分という存在を超えるもの」なのです。**だから、「まずはこれをシェアしなければ」ということだけです。

はせくら　**私であって私ではないもの、私であって私以上のもの**、という共通のソースがつながっているところでの体験でもあるから、という感じでしょうか？

ジュリアン　そうですね。

◆「そろそろUFOが現れるけど、心の準備はできているかな？」

ジュリアン　それから、宇宙の存在たちとのやり取りの中では、初めてUFOを見た時、その直前に「そろそろUFOが現れる気がするけど、心の準備はできているかな？」というような質問があったり、内側ではマインドを超えたコミュニケーションはすでに始まっていました。

それでUFOを初めて見て、その後、宇宙存在の訪れの現象が始まった時に、**「今回初めて会ったわけではない」と感じました。チームとして働いているような雰囲気がするわけです。**

「初めまして、ジュリアンと申します」と言ったら、「いや、いや、初めましてじゃないし、あなたはジュリアンじゃないんですよ」「もうそんなゲームをやる必要はないですよ」といった暗黙の了解がありました。

はせくら　そんな儀礼的なことはいらないと。

ジュリアン　そう、いらない。「チームとして、これからやっていきましょう。お互い納得したことだから、どんどん前へ進みましょう」と。

これはインスピレーションというよりも、彼らが立っている同じ部屋から立ち上がる雰囲気というか波動が伝わってきたのです。

例えば仕事を探す時は面接に行きますね？　そして部屋に入ると、自分も相手も今この面接のために同じ部屋にいるのが、わかりますよね。

はせくら　はい、言わずもがなですね。

ジュリアン　空気から伝わってくるのです。空気の振動、波動ですね。

彼らの存在から寄せられる波動の中で、さまざまな情報が伝えられてきます。一言も言葉がなくても、存在の波動から伝わるのですね。そんなことを体験しました。

◆宇宙の存在とともに、ひたすら前進していくだけ

はせくら　本の出版が実現し、さらに出版記念の講演なども日本で行いましたが、それに対して存在たちは何か言ってきましたか？

ジュリアン　彼らは何かを言ったというよりも、むしろ「立場を変えた」という感じです。

僕がＵＦＯを初めて見た時、彼らがどんな存在か漠然としてわからない時期がありましたが、その頃は身近にいてくれました。そのおかげで少しずつ慣れていって、慣れて

きたら今度はちょっと距離を置いて、「こうしなさい、ああしなさい」といろいろと指示される時期がありました。

そのうち、「ああ、なるほど」と自分の役目がわかってきて、僕が役に立てるのだなと思うようになりました。すると今度は、もっと距離をおいて、より独立した立場からやり取りをしていると感じました。

ですから本が出た後、宇宙の存在から「よくやったな」などというようなことは言われていません。

はせくら　言われていないのですか？

ジュリアン　そんなふうに言う必要がないからです。私たちがもとからやると決めてきたことなので、協力してやり遂げました。「では、前へ進んでいきましょう」というだけです。

はせくら　ひたすら前進していく。

ジュリアン　そんな感じも時々はします。ただチームとして動いていると感じるので、プレッシャーを感じているのはマインドだと、今は思っています。

今の自分のマインドは、昔の自分のマインドとはだいぶ違ってきています。

◆「スペースを大切にすること」が大切です

はせくら　今のマインドはどんな感じですか？　少なくともこういうことを普通に話せるマインドになっているということですね？

ジュリアン　そうです。「**マインドは自分ではない**」ということをはっきり理解しているおかげで、「マインドの働き方」をある程度、観察できると思います。

はせくら　「マインドの働き」の観察とは？

ジュリアン　観察できるおかげでいろいろ見えてきます。

例えば、「マインドの期待」とはどんな期待なのかと見てみると、「それを期待しているのに、なぜあれも期待しているのだろう？」と思っていたり、その期待から、不満やさまざまな気持ちが生み出されるのがわかります。

マインドが過去や将来のことを考えて、こうならなければいけないなどと想像するわけです。期待もありますし、後悔もあるので、そこからいろいろな気持ちが生み出されるのですね。

それで結局、今、ここ、現在をフルマインドで体験することが難しくなってしまうのです。

はせくら 期待や後悔があると、今、この瞬間を生きることは難しいということですね。

ジュリアン はい。そして**過去や将来のことしか考えられないと、今、ここにいるための「スペース」がなくなるのです。**

はせくら フランス語では、「居る」「在る」を何と言いますか？

「いること」「あること」「存在」など。

ジュリアン 存在の「居る」は「Être」。そして「ものがある」という「在る」は「Exister」。ですから、今お話ししているスペースの場合は「Être」です。

そういった解説を何回もしたことがあります。このスペースがとても大切なのはなぜかと言いますと、スペースを保つことで、「本当の自分」とのやり取りがより簡単になるからです。

はせくら　スペースを意識することによって？

ジュリアン　「**スペースを保つこと**」です。

はせくら　このような話は、フランスの方には理解できますか？

ジュリアン　話している時はもちろん「そうだね」と言ってはくれます。

ただ、私たちフランスにはデカルトという哲学者の有名な言葉があります。

「Je pense donc je suis」。

はせくら　「われ思う、故に我在り」（コギト・エルゴ・スム）ですね。

ジュリアン　そう。ですから、「マインドを無視する」というのは「自分の存在を無視する」ということに理解されるかもしれません。

ですから、それに対して少し抵抗感があるかもしれません。

はせくら　フランス人は、「マインドを捨てる」ということは「自己を捨てる」ことかもしれない。そういう認識になってしまうのですね。

ジュリアン　はい。「思うからこそ、私は存在している」という考え方ですから。

はせくら　でも私が思うデカルトの「cogito, ergo sum（コギト・エルゴ・スム）」の

「思う」というのは、ただ思うのではなく、もっと深いところで言っていると思います。

なぜなら、「思う」ことで自己の存在を証明した後に、最終帰結として至るのが、神の存在証明だからです。

さらに、デカルトは心と体（物）は別物であるという実在二元論を展開しつつも、その二者をつなぐものは松果体で、そこを「魂の主座」と呼んで、尊んでいるのです。

また、魂の影響は体の隅々まで行きわたっているとも……。

こうして、心身の合一についても深く考察していたのです。

というわけで、彼が言う「思う」は徹底した省察です。ちなみに『省察』という本もありますし……すみません。デカルト好きが高じて、熱く語ってしまいました。

ジュリアン　ちょうどつい最近、日本の方とその話をしたところです。おっしゃるように、このレベルの「思う」ではないですね。

ただ、そういった話をする場はフランスの日常生活にはないので、言葉だけでは「思う」と「思う」はまったく同じで、マインドが「思う」でしょう？　と捉えられるかもしれません。残念ながら。

◆ワンネスで体験したもののほうが現実です

はせくら　ジュリアンの本が出た後、マインドの感じるレベルも、見ていく次元も変わり、「**この世界は波動からできている**」という思いがより強くなってきたりしたのでしょうか?

ジュリアン　そうです。ワンネスの体験をしてからずっと思っていたことです。ただ、自分の中では「マインドが体験している現実」と、「ワンネスで体験してきた現実」があって、この二つの現実のつながり方をどうすればいいのか、ずっと疑問に思っていました。

どちらかが正しいということにするのか、しないのか。あるいは両方とも正しいとしたら、この現実も正しいし、ワンネスで体験した現実も正しい。そうやって見ていくと、「マインドの世界」があって、そして「本当の自分の世界」があるというわけですね。

はせくら　なるほど。

ジュリアン　両方とも正しいといっても、マインドの世界ではマインドがすべての理解の鍵を握っているので、この現実を本当にわかっているわけではありません。

やはりワンネスの世界のほうが正しいのだろうと思い、マインドはまだまだこれから鍛える必要がある見方なのだろうという考え方になっていきました。

つまりマインドに対して、「何か働きかけなければいけないな」という考え方になっています。

はせくら　そんな時に私からこの本の対談を持ちかけられたのでしょうか？

ジュリアン　はい。今もそこに取り組んでいる状態です。マインドの見方が正しいわけではないと自分が思っているわけです。

現実を自分の目で見たとしても、それは目が見たものです。そしてマインドがそれを解釈しようとしてイメージがあらわれたとしても、それはただのイメージにすぎないとわかっています。**現実はワンネスで体験したものである**、ということです。

物質的なレベルの現実はどちらかというと消えていく現実ですので、あまりそれを大切にしなくてもいいと思っています。

はせくら　日本語ではそれを「うたかたの夢」と呼びますね。古典的な言い方ですが、「うたかた」というのは、「まるで夢のごとく、一時のはかないまぼろし」という意味です。

ジュリアン　そうなのですね。

はせくら　「夢のごとし」という、そんな表現を日本は古来からしておりました。

◆宇宙の存在は私たちとコミュニケーションを取りたいと思っています

はせくら　では、「マインドから見える現実」を知った上で、今のジュリアンが興味深いと思っているものは何でしょう?

ジュリアン　そうですね、マインドに対しての取り組んでいくあれこれは、とても面白いと感じますね。

つまり、どうすればマインドを矯正して、違う見方ができるのかということです。

例えば、チャレンジができる場において、マインドは「どうかな……できるかな？」という心配を抱きながら「じゃどうすればいいんだろう」と考えます。「違うかたちで考えたほうがうまくいくのでは？」という結論に達し、それを乗り越えることで、いろいろ勉強になったと思うわけです。

それができたことで、マインドが変わっていくというプロセスが生まれ、それを追求していくうちに、「できないわけはない」となんとなくできるような気がしてきます。

あまり考えすぎずに、ただその体験を経験し、その中で勉強できるものを身につけるという姿勢が生まれます。どんどん前に進むことができるようになるので、そういった教育法のようなものが面白いです。

はせくら　マインドの扱い方みたいな感じですか？

ジュリアン　そうです。**宇宙の存在は私たちとコミュニケーションを取りたいと思っています**。ただ、今の私たちのマインドの状態ではコミュニケーションが容易ではないので、少しずつ近づいていって、その間に架け橋を作らなければなりません。

外国語を勉強する時にも、外国の人と触れ合う機会がなかったら、やはり自分の能力を鍛えることは難しいですよね。宇宙の存在と私たちは、ちょうどそういった段階だと私は思うのです。

「私たちはこれからマインドのことをどうにかしなければいけない！」と感じます。

宇宙の存在とよりコミュニケーションが取れるようになるためには、「私たちのマインドに対して何かをしなければいけないな」と思っているのです。

はせくら　マインドの扱い方指南。もっと具体的に言うと、**「マインドの働きからワンネスへとつなぐ架け橋」をつくっていく**という感じですね。

そのためには、マインドの扱い方をなんとかしなければいけないので、そこをもっと追求していく。

ジュリアン　はい。

◆自然との絆はとても大切です

はせくら　マインドの取り扱い方の他に、ジュリアンの関心事はありますか？　ハマっ

パリのコミュニティガーデン

ているものとか。

ジュリアン　今ハマっていることですか？　いろいろありますが、僕が好きなのは「人とともに何か活動をすること」。そう、チームプレイヤーなのです。

はせくら　チームプレイヤー？　それは宇宙の存在が言っていますか？　ジュリアンが言っていますか？

ジュリアン　僕が言っています。どちらも同じ原点でつながっているとは思いますが。

僕は自然が好きなので、地球の自然が侵される現場を見て個人として何かやりたいという気持ちから、「コミュニティガーデン」という活動をしています。

自分の居場所には必ず緑や植物を置いて、できるだけ自然との絆をつくろうとしています。そういった絆は、街や都会に住んでいても保つことはできると思っています。

はせくら　植物とお話しされたりしますか？

ジュリアン　植物とは、ただ交流があります。ほとんどの場合、言葉を超える交流です。植物を育てる時、どういう育て方がいいかについては、本やネットで調べて学ぶことができます。でも植物と日常生活を送ると、「ただの植物ではない」と強く感じます。生きているものですので、彼らと目には見えない交流が常に起こっているからです。その体験は何回もあります。

例えば、「今日は水をやる日」という決まったスケジュールがなくても、植物から「お水が必要」と伝わってくるというか、雰囲気でわかるのです。

はせくら　気配ですね？

ジュリアン　そう、気配でわかります。そういった気配の読み方、自然との絆はものすごく大切です。

日本の人々に備わっている敏感性は、フランス人にはあまりないようですが、言葉よりも植物など自然を通して、その敏感性を活かせる機会につながるのではないかと思います。

はせくら　フランスにはお花屋さんがたくさんあって、日々の暮らしにかなりお花を飾っていますよね？

ジュリアン　はい。でも、それは飾るためのお花なのです。

はせくら　それこそデカルトの物心二元論のまま、自分と花という、それぞれ別の存在物がそこにあって、その花が「添えられるもの」という客体側の意識ですね？

ジュリアン　そうです。

はせくら　ジュリアンはたくさん仕事をしていて、いろいろな顔がありますね。

ジュリアン　仕事が好きなので（笑）。「僕は七面鳥です」とよく冗談まじりに言っています。いろいろな違うことにトライすることが好きなのですから。また、それらを同時にすると、よりチャレンジできるのです。

チャレンジするとマインドが否応なく、より柔らかく柔軟なアプローチでしか物事を対応できないので、そういうところが好きなのです。

先ほども言いましたが、ストレスとは、マインドが将来のことや過去のことを、あれこれ考えることで生まれます。私たちは「こういうふうでもいけない」「ああいうふうでもいけない」「いい方向にいく道は、どうにも想像ができない」などとつい考えてしまいますよね。それがストレスになっています。

ストレスの原因は、マインドがもとにあるのです。

ストレスの原因が仕事にあると思えば、「この仕事はもうやらない」という考え方もできます。あるいは、「このストレスは仕事の中にあるわけではなく、自分の中にある。自分の中にあるストレスはマインドがつくり出したもので、マインドが物事を捉える見方から生じたもの」と考えることもできます。

マインドを変えることで、同じ仕事をしてもストレスを感じなくなるかもしれないという考え方です。仕事にどんどんチャレンジしながら、ストレスが生まれるところを取り替えようとしているのです。

はせくら　取り替える？

ジュリアン　「ここにストレスが出てきた。なぜだろう？　ちょっと見てみよう」と。

同じ仕事を繰り返し、やりながら自分の見方を変えていくと、その結果として、ストレスが減る、またはなくなります。そういったチャレンジが好きなのです。
そのようにすることで、存在として柔軟性を持った生き方ができるようになると考えています。

◆二つの大学を出てから、ビジネスに取りくむ日々を送る

はせくら　ジュリアンはソルボンヌ大学を出てから、今までどんな仕事をされていたのですか？

ジュリアン　はい。大学以前に15歳の時に初めてのバイトとして、ブルゴーニュ地方でワイン生産者の会社で、夏の間1か月間だけバイトをしました。お客様のためのワインを揃えたりというような簡単な仕事でしたが。そして、ブルゴーニュ大学とソルボンヌ大学を卒業しました。

はせくら　二つの大学を出ているのですか？　本当に勉強家ですね。

ジュリアン　先生たちから、「時間の余裕があったらぜひ、大学を二つ登録し、同時に

卒業をしなさい」とよく勧められましたので。

はせくら 超エリートですね。

ジュリアン 仕事を見つけるためには、学生としてひとつの大学だと足りないかもしれない。より体験を重ねていかなければならないという競争的なアプローチです。

そういう考え方から二つの大学を卒業し、それで仕事に就くのもいいかと……。

はせくら 専攻は？ 何を学ばれたのですか？

ジュリアン ブルゴーニュ大学の最初の2年間は経済学部。その後は経済よりも社会学のほうが自分に合うような気がして、転学しました。

そして社会学部の中で、最も知りたい人類学の専門をとろうとしたのですが、残念ながら当時、大学のシステムがリフォームされて人類学はなくなり、社会学部に人口学と民俗学が融合されました。

そこを卒業し、当時は海外で仕事をしたいと思っていましたので、フランス語を外国語として教える資格を取ったほうがいいと思い、ソルボンヌ大学で言語学部に入って2年で取ったのです。

はせくら　……ひたすら賢い（笑）。

ジュリアン　いや、いや。ただやりたいことやっていただけです。わがままかもしれません。

はせくら　経済に、社会に、そして言語学も修めたので、その後、台湾に行かれたのですね。

ジュリアン　ソルボンヌ大学を卒業後、1年間半ぐらいパリで教える仕事をしました。教えることを体験して経験を重ねたかったのです。

その後で台湾に行って、台湾の大学で1年間教えました。その時に教える方法がフランスで学んだものとずいぶん違うことに気がついて、「私たちが台湾の先生と一緒に何か教科書を作れたら、より効果的な教え方ができるのでは？」という話がでて、その流れで教科書の出版をしたわけです。

はせくら　素晴らしい。

ジュリアン　教科書の出版には、何年もかかりました。その後、戻ってきてからは、先生の仕事はもうしないで、先生たちの管理を始めました。

そして同時に、コンピューターなどを用いたインターネット経由での教授法のシステムについて仕事する機会がありました。2、3年ぐらいでしょうか。
そのあとは、よりビジネス的な展開になったのです。デパート内の寿司スタンドという小さな空間で寿司をにぎるというコンセプトを、フランス、スペイン、ベルギー、イタリアで展開しようとする会社がありました。その会社をつくったのは僕が教えた韓国の生徒さんで、彼女がオープンした会社は当時かなり大きくなっていて、寿司スタンドを開くための経営者を探そうとしていました。
各スタンドがひとつの会社になっていて、その会社をつくるための経営者を見つけることが僕の仕事になったのです。毎週2、3人ぐらいの経営者が必要でした。

はせくら　ずいぶん流行っていたのですね。

ジュリアン　ものすごく流行りました。

はせくら　ジュリアンがその面接官をしていたのですか？

ジュリアン　はい。面接して、このビジネスはどういうものか、から始まって、経営計画を1から10まで説明し、その後の判断も自分に任されていたのです。

もちろん最初はわからなかったので、かつての教え子の彼女にいろいろと教えてもらい、仕事ができるようになりました。

ちなみに、彼女とのご縁のおかげで、2022年11月に『ワンネスの扉』の韓国語版が出版されたことにまでつながりました。

はせくら　寿司スタンド経営のコンサルティングとかマネジメント業務のような?

ジュリアン　先生の管理をする仕事の頃から少しずつマネジメント経験を積んできました。ビジネスの紹介もできますし、いくつかの会社間の関係なども理解できるようになりました。

はせくら　それはもうコンサルタントですね。

ジュリアン　でも、社員として働いていたのです。

はせくら　非常に興味深いというか、面白いのが、今の話だけを聞いていたら、宇宙人の「ウ」の字も出てこないぐらいマインドが闊歩する世界の話に聞こえます。

ジュリアン　その中に宇宙人がポコンと出てきました(笑)。

◆パンケーキ店のオーナーになる

はせくら　寿司スタンドの後は、どうなったのですか？

ジュリアン　パンケーキ店のオーナーになりました。

はせくら　それが今のアメリカンパンケーキ店に至るのですか？

ジュリアン　最初は、このパンケーキの本店があったのです。本店といっても、お店が1店舗だけ。というのは、フランチャイズにしたいという経営者がいたのです。

このフランチャイズを実現するにはさまざまな知識はもちろんですけれども、次なる経営者を見つけることが必要です。そして会社自体を引き継ぐために整える作業もあります。

そういうことがわかる人はいるにはいるのですが、ただ数は少ないのですね。

ですから、その寿司スタンドの会社での仕事の後、そういったニーズが他の会社にもあると気がつきました。パンケーキ店のオーナーから「これからフランチャイズをやりたいので、誰か経営者を見つけてくれませんか?」という話から始まりました。
1年ぐらいそのパンケーキ店をフランチャイズで引き継ぐ経営者を探しましたが、なかなか見つからなくて、ある日パンケーキ店のマネージャーに「ジュリアンが自分でやってみたら?」と打診されたのです。

はせくら え?

ジュリアン パンケーキ店を自分でやるとは考えたことがなかったのですが、「それもそうだ。自分でやってみよう」と思って、「次のフランチャイズは僕です」と決断して、自分で会社をつくって引き継いでパンケーキ店の経営を始めました。

はせくら まあ。何年間されたのですか?

ジュリアン 10年間です。あっという間に10年が過ぎました。

はせくら 私もお伺いしましたが、とても美味しくて、雰囲気の佳《よ》い素敵なお店でしたね。

ジュリアン ありがとうございます。そうなんです。このパンケーキ店は、パリでもニューヨークのパンケーキ屋のような雰囲気を出したいと思って作りました。

ちょうどこのパンケーキ店を引き継いでから1年か2年後に、僕が管理に携わっていた先生たちがもとの学校から独立して、自分の学校をつくりたいという流れもありました。

その時に「ぜひ、ジュリアンも私たちと一緒に」という話になって、それは面白いなと思って、「じゃあ一緒にやりましょう」と。

「ただしパンケーキ店の経営者としてフルタイムではできないけど、ちょこちょこっと手伝うという形ならできますよ」ということで、マネジメントの学校が誕生して、そこで教え始めました。

はせくら マネジメントスクールの先生でもあるのですね。何を教えているのですか？

ジュリアン 一番最初に教えたのは、フランチャイズビジネスです。

ある会社をフランチャイズにするまでの整え方をどうすればいいか、フランチャイズ契約とはどういう契約か、ブランドマネジメントというのはどういうものか、ということを教えていました。

◆2019年になって転換する時期を感じて……

ジュリアン　そのマネジメント学校ではマーケティングも教えているので、日本や韓国、中国でビジネスをしたい学生に向けた言語クラスもあるのです。

日本語と韓国語と中国語。学校側はできるだけ学生のために日本語や韓国語、中国語を操る機会を与えたいと思っているので、プロフェッショナルな世界から、日本の人の講演や、イベント活動なども行ったりしました。

その中で、鹿児島から来た伝統的な日本料理のシェフがいました。彼は僕の友達の友達の知り合いで、ある日「パリでイベントを立ち上げたいんですが、手伝ってくれませんか？」というメッセージが届いたのです。

料理に関するイベントをパリで立ち上げるというのは、すぐには想像がつきませんでしたが、学校の学生のために何かイベントができるのではないかなと思って、「うちの学校でイベントはいかがですか？」と返事をしたら、「いいですね、ぜひ！」「じゃあ、やりましょう」と。

その時に彼が友人たちを連れてパリに来てくれました。緑茶の生産者や、鰹節の生産者などのプロフェッショナルな人たちでしたので、講演会やテイスティングも行って、学生たちが直接、プロフェッショナルな人たちと話ができる素晴らしいイベントになりました。

はせくら　面白いですね。そうしたコーディネートもされているのですね。

ジュリアン　はい。こういうイベントのコーディネートなどを続けながら、パンケーキ店も経営し、いろいろな学び溢れるチャレンジ的な貴重な機会を与えられました。

２０１９年に入って、そろそろ転換する時期が来たのではと感じて、パンケーキ店を売却しようと、ビジネスブローカー（broker）を雇いました。彼はビジネスを売るためのサポートをしている人で、おかげで２０２０年の夏、コロナ禍にもかかわらず、パンケーキ店を買いたい人が見つかりました。実は候補者が6人もいて、その中の飲食業界が一番わかる人を選びました。

コロナで銀行側があまり動いてくれなかったせいで、結局、パンケーキ店を売ったのは2022年の2月になりました。売却した後でも円滑な引き継ぎをするために、パンケーキ店での仕事が半年間は続きました。そして、ちょうどこのタイミングで昔から知っているアメリカのツアー会社から連絡が入ったのです。

パンケーキ店の売却は公にしていなかったのに、このツアー会社に「パリの支店の経営者になってほしい」というリクエストが届きました。しばらく考えて、パンケーキ店の引き継ぎをしながら、ツアー会社の経営を始めることを決めました。

◆日本のアニメが好きで、14歳の時に日本語の勉強を始めました

はせくら　ジュリアンの日本語能力には驚きます。
ジュリアン　まだまだこれからです（笑）。
はせくら　ここまで流暢《りゅうちょう》ですと、宇宙の存在たちも逃さないでしょうね（笑）。
ジュリアン　ははは、どうだろう？　ただ僕が日本語ができるのは、「おかげさま」なのです。日本の方々と話す機会があるからこそ、勉強ができたのです。

だから皆さんのおかげだと思っています。

はせくら 嬉しいですね。ジュリアンはマルチリンガルですね。フランス語、日本語の他にも……。

ジュリアン 英語と中国語です。

はせくら 数ある中で、なぜ日本語を選んだのでしょう。

ジュリアン なぜなんだろう? たぶん、子どもの頃によくテレビで、アニメを観ていたからじゃないでしょうか。アニメの環境の他にも、宇宙とかを見ていて、子どもの頃から憧れはあったのかもしれません。

はせくら ジュリアンはどんなアニメが好きだったのですか?

ジュリアン 何でも。みんな好きでした。3歳の時によく母親が言っていました。「この子、こんなにテレビに近づいて『キャンディ・キャンディ』を観ているのよ」と。

はせくら 『キャンディ・キャンディ』?

ジュリアン すごく間近でテレビを見ていたと。ははは。3歳の時に。

はせくら まあ、私も好きだったのです。

フランスでも流れていたというのが、ちょっとびっくりしました。

ジュリアン　はーい、流れていました。

はせくら　少女アニメが好きだったのですか？

ジュリアン　アニメ全体が好きでした。『キャンディ・キャンディ』のほかにも『ASTRO BOY』（鉄腕アトム）や、『ブラック・ジャック』、『Galaxy Express 999』（銀河鉄道999）もありました。いろいろありましたね。

はせくら　日本語を学んでみようと思ったきっかけはアニメでしたか？

ジュリアン　ある日、本屋で『独学で日本語を勉強できる』というようなタイトルの本を見つけました。「これだけで日本語ができます」というカバーを見て、「それは本当？ ちょっと試したいな」と思ったのです。

それが14歳の時で、さっそく本を買って、独学で日本語の勉強を始めました。

はせくら　14歳で!?

ジュリアン　はい。14歳の時に独学で勉強することを初めてやってみたのです。

その時は日本語を話せるようになるとは想像もつきませんでしたが、遊びとしてやってもいいんじゃないかという軽い気持ちでスタートしました。

はせくら　それも宇宙の存在から見たら、約束されていた勉強だったのかもしれませんね。

ジュリアン　そうかもしれないですね。

はせくら　それにしても、ここまで流暢になるとは驚くべきことです。

ジュリアン　いやいや、先ほど話したように機会がないと勉強はできませんので、おかげさまです。

はせくら　「おかげさま」とは、日本人よりも日本人らしい。素晴らしいです。

ジュリアン　そうですか（笑）。

◆波動は現実を創る力があると信じています

はせくら　この本では読者の皆さんに、「マインドの扱い方のマスター」になってもらいたいですね。

この本を読んでいる人に、「こうしたらマインドを扱えるようになる」というポイントを知ってほしいと思っています。

またもうひとつ、今回の企画の面白いところは、日本人のはせくらとフランス人のジュリアンさんのコラボレーションです。バックボーンは違いますが、違いがあることによって、新しい化学反応が生まれるかもしれません。

この本の肝になっているマインドの扱い方というものをある程度マスターすることによって、宇宙存在とつながることができて、それによってどんなふうに変わっていくのか。

例えば個人、そして人類、あるいは集合意識というものはどうなっていくのか？　どんどん広がっていくテーマだと思うのですが、多次元的に生きることとは、そしてそれが集合意識にどう働きかけるのか。

そういう話をしながら、最終的には読者がより新しい知見を得て、生きるのが楽しくなって、そして喜びを持って新しい時空を生きることができる。

新しい時空というのは、宇宙存在が望んでいるであろう、より高次な……一言でいうとワンネスの世界への誘いになっていく。

この本が最初の起点だとしたら、その次の、より実践版の手引きとなっていくようなものを、対話の中で深掘りしていけたらと思います。

ジュリアン　すごく面白いと思います。皆さんをサポートできるお話の内容になったらいいなと思います。

はせくら　徳間書店より出版された私が著した書籍のタイトルが『パラダイムシフトを超えて』で、サブタイトルが「いちばん大切なアセンションの本質」というものです。

実は、最後のほうには「高次元世界への招待状」として言葉を綴っているんですね。

その中での冒頭にウィリアム・ブレイクの「一粒の砂に世界を見出し、一粒の花に点を見出す、手のひらの中に無限を、一時の中に永遠を」という文を入れています。

その上で、一日一分程度、言の葉を唱えて意識するワークとして、「私は神聖なる神の一部です」や「全ての出来事は私を高めるためにやってきます」、「愛を持って思う、愛を持って語る、愛を持ってする」「思考が私ではありません、感情が私ではありません、肉体が私でもありません、私はそれを見ている意識そのもの。大いなる命そのものの

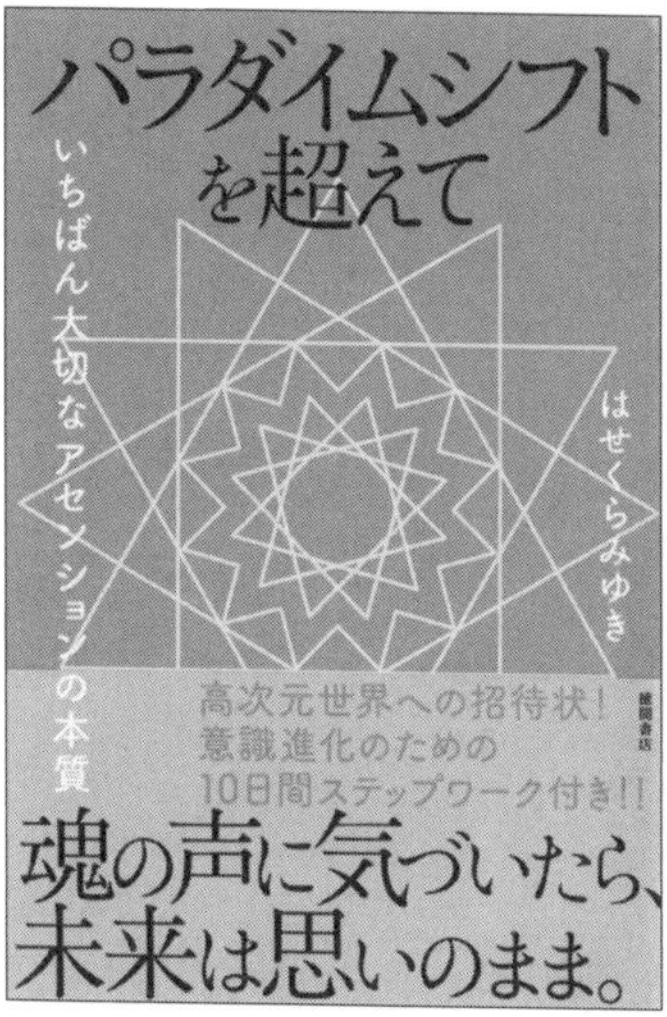
パラダイムシフトを超えて
いちばん大切なアセンションの本質
はせくらみゆき
徳間書店
高次元世界への招待状！
意識進化のための
10日間ステップワーク付き!!
魂の声に気づいたら、
未来は思いのまま。

令和の時代が始まりました！
日《ひ》の本《もと》開闢《かいびゃく》と龍体文字
Beautiful Harmony
和して結びて、
令命（黎明）の夜明けなり
文 はせくらみゆき
森美智代

はせくらみゆき
Hasekura Miyuki
夢をかなえる、
未来をひらく鍵
イマジナル・セル
願うこと、思うこと、うっとりすること、わくわくすること――。
あなたの中にある「羽ばたく力」が花開く
ひみつの法則！
「夢見る力」が
導いてくれるもの
もしあなたがチョウだったら、タマゴの時代に見た夢は何だったでしょうか？
この本はあなたの物語です。
徳間書店

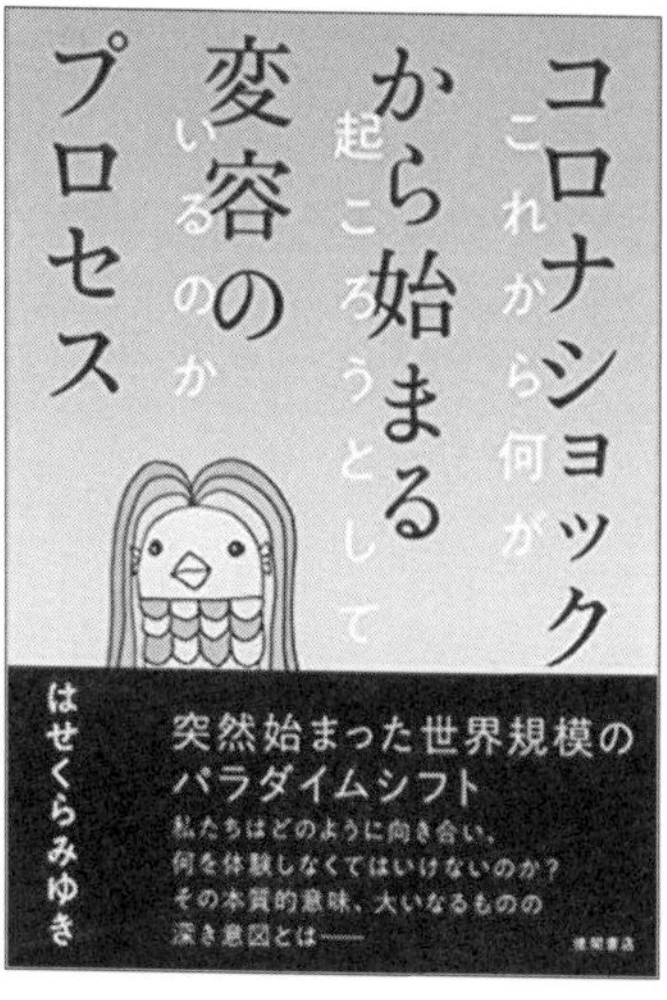
コロナショックから始まる変容のプロセス
これから何が起ころうとしているのか
はせくらみゆき
突然始まった世界規模の
パラダイムシフト
私たちはどのように向き合い、
何を体験しなくてはいけないのか？
その本質的意味、大いなるものの
深き意図とは――
徳間書店

です」などの言霊と意識の向け方などをご紹介しています。

ジュリアン　『ワンネスの世界』とつながっていくところがたくさんありますね。

はせくら　ありがとうございます。実は、これらの言霊は全部で100個創った中から10個を厳選したのですが、その中から採用した一番最後の宣言文が、「**我は神なり光なり。我は愛なりすべてなり**」というものでした。

ジュリアン　なるほど。とても心に響きますね。**音は波動であり、波動は現実を創る力があると信じています。**

そして、無条件の愛はすべての根底であることを、ワンネスで何回も体験しましたので、とてもありがたい言葉です。

はせくら　ありがとうございます。この本は、霊性進化のお役に立てたらと思い、内なる叡智とつながりながら、三部作で書いたものです。

1冊目が『令和の時代が始まりました！』で、2冊目が『コロナショックから始まる変容のプロセス』、そしてラストが『パラダイムシフトを超えて』です。

その後、イモムシがチョウとなる変態の様を、私たちの意識進化のプロセスになぞらえた、『夢をかなえる、未来をひらく鍵 イマジナル・セル』という本を上梓しています。

今回の対談本は、それぞれの実践編として、基本に立ち返りつつも、より進化し、世界とのつながりを感じながら生きることを応援するものができればと思っております。

ジュリアン こちらこそありがとうございます。私はフランスで初めてお会いした時からずっと、このご縁を大切に思っていました。

こんな素敵なプロジェクトをいただき、ありがとうございます。

はせくら きっとこれも宇宙の存在が、「やりなさい」ということなのかしら?

ジュリアン ははははは。そうですね。そんな気がします。

Column

多層に広がる世界

はせくらみゆき

Universeとは英語で宇宙のこと。この単語をよく見てみると、Uniという「ひとつの」という意味に、Verse（詩）という言葉が連結しているのです。

ということは、宇宙は「ひとつの詩（うた）」でもあるということです。まさしく〝詩的〟な表現ですね。

とはいえ、宇宙の真の姿を捉える時、実のところは決して宇宙とはひとつというわけではなく、それぞれが、それぞれの詩を奏でている多重多層の宇宙として、広大無辺に広がっているものなのです。その意味では、Uniではなく、Di（たくさんの）verse（詩）が賑やかに奏でられている世界が、宇宙の実相だよということになるようです。

人間世界に置き換えてみるならば、子どもの時に見える世界と、大人になってから見える世界とでは、たとえ同じ場所であったとしても見え方の相違がかなりあると思いますし、職種や役割、立場が変わると、同じ出来事でも捉え方が変化しているということは、容易にあることでしょう。

このように、どの窓から世界を見渡すか? どの次元、どの周波数をもって、世界が認識されていくかは、実際はそれぞれの主観的自己が選択している、ともいえるものです。

その中には、約400~800ナノメートル前後の領域しか捉えることのできない人間の可視的な世界以外の、見えない領域（不可視世界）での「現実」も実際に存在しているであろうことが容易に推察されます。

本書の中で言及している「宇宙存在」や「UFO」といったものもそのひとつです。もっとも、最近では、単なるトンデモやSFといった類には収まらないほどに、情報公開も進んできており、実際にMyvisionが行った米国での調査では、なんと78%もの米国人が、宇宙人の存在を信じていて、かつその半数は、人類に友好的で危険を及ぼすものではないと考えている、という報告も上がってきています。

むしろ、この広い宇宙に人間以外存在しないと考えるほうが不自然であり、私たちが住まう銀河系だけでも、地球と似た性質を持つ惑星は3億個以上あり（※ドレイク方程式から導き出されたもの）、そもそも私たち自身が、地球惑星に在住する「宇宙人」だったということでもあるのですね。


もうそろそろこうした見地――地球の外から眺める世界、認識を広げて太陽系を、あるいは銀河系をいだくような視点を持って、地球や地域、そして自分自身を見つめていく時期が来ているのではないでしょうか。

さもなくば、人間の肥大した自我のもと、地球に多大なダメージを与え続けている未来の姿は、悲壮感溢れるものになってしまいます。とはいえ、それならばSDGsの方向で進めばいいのではないかという、そんな単純化された物質的な話ではないのです。

まずは、私たち自身が、目に見える世界ばかりを重視する唯物論的な見方から卒業していくこと、その上で視点を宇宙まで拡げ、その中での自己という存在を再認識していくことで、まったく新しい世界の見方、「覗き窓」が開けていくことになるでしょう。

実は、その延長線上に、太古の昔から当たり前のように存在しているのが、多層多重の多次元世界に存在している、宇宙の仲間たちだったのです。

もしかしたら、地球人とは異なるフォルムかもしれませんが、環境が異なる中での適正進化だと思えば、それもありなんといったことなのでしょうね。


では、今までほぼ「鎖国」状態であった地球に住む人たちが、宇宙の仲間と交流したいと思った時は、どうしたらよいのでしょうか？

あるいは、宇宙の仲間たちが、まだ、ほぼ耐性がないであろう〝地球種の宇宙人〟にコンタクトをしたいと願った時はどうしたらよいのでしょうか？

心で考え、感じてみてほしいのです。


もし、私が宇宙存在だったら、おそらくは、今まで見たことのないもの、触れたことのないものに対しては、懐疑的になったり、恐怖をいだいたり、あるいは敵視されるかもしれないので、非常に慎重に、その人のエネルギーを読み取りながら、少しずつコンタクトを図ろうとするんじゃないかなと思います。

私自身、そんな彼らからのコンタクトを受けた経験を持つひとりではあります。とはいえ、決して巷でいわれるスピリチュアルな世界に傾倒していたわけでもなく、むしろ、そうした分野を避けていたという経緯があります。

それでも、ジュリアンと同じく、幼い頃から時間をかけながら、徐々に体験の密度が濃くなり、いつしか「彼ら」を、活動次元は異なるけれども、「存在」として尊ぶことのできる、宇宙の同胞なんだと捉えることができた時、まったく宇宙が開けていくことを感じました。

その意味で、宇宙はまさしく、Diverse（種々・多様）であり、それでいてひとつにたばねられる麗しき詩歌が、たった今、奏でられ続けている、Universe という宇宙の中で我という存在を生かしてもらっているのだと思いました。

今、この瞬間の中に、多層の宇宙が拡がっています。

多層に広がる世界

次元、時空は異なりながらも、さまざまな存在が、生命体が、それぞれの響きを出しながら、大いなるオーケストラを奏でています。

それが宇宙の真の姿であると私は考えています。

まずは、心の宇宙を開くこと。穏やかな優しい気持ちで、物質次元（3次元世界）と向かい合い、その都度、内なる自己を見つめ、陶冶《とうや》していこうと努めること。

そんな日々の営みの中に、多層宇宙の扉は開かれていて、その中に「彼ら」や、すでにこの世界から去ったあなたの大切な人たちもいます。

最後に再び、Universe の原義をラテン語で読み解いていくことにしましょう。

それは Universus ＝みんな一緒に、という意味から来ているのです。

さぁ、今日も、どうぞ素敵な一日を。

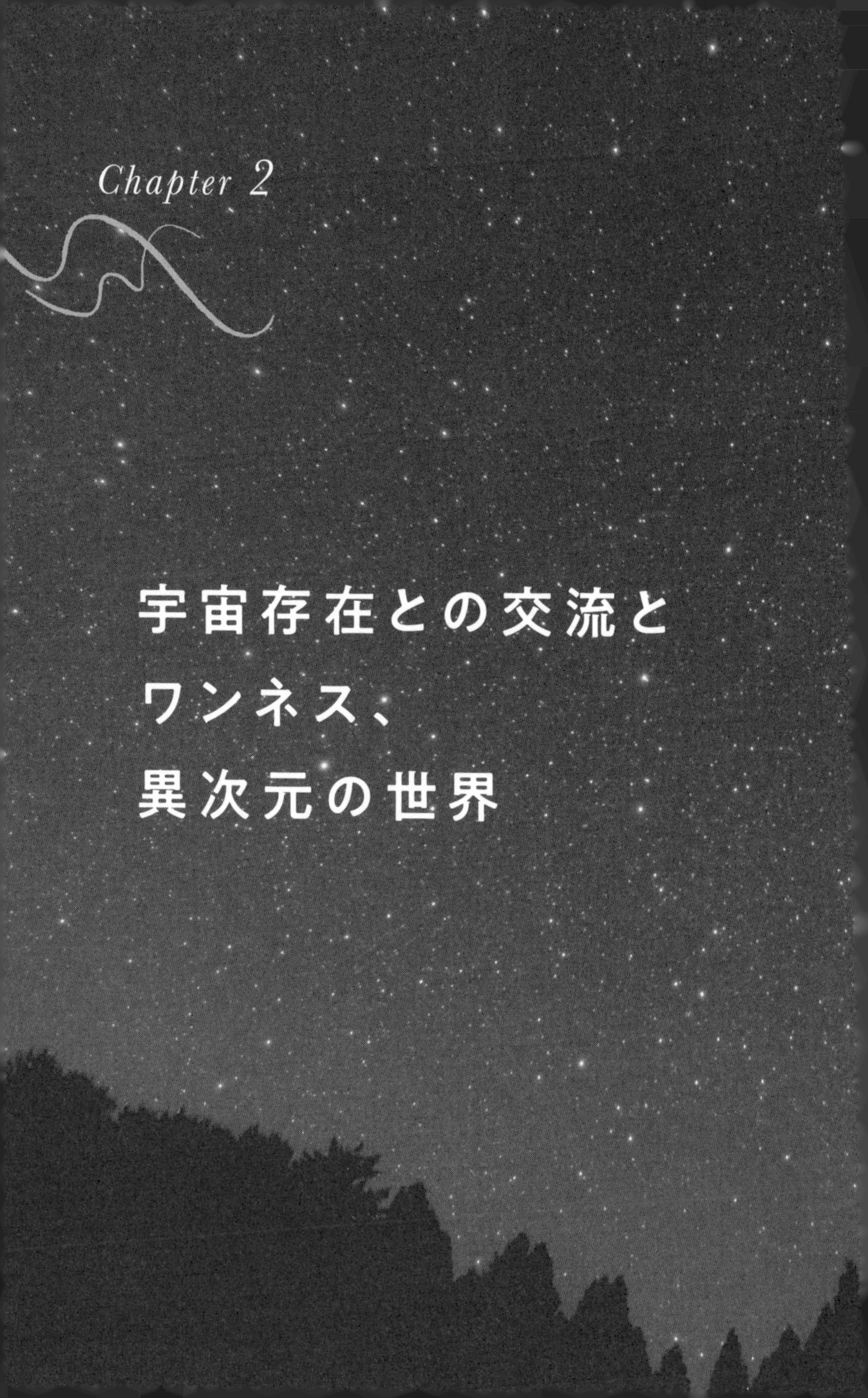

Chapter 2

宇宙存在との交流とワンネス、異次元の世界

◆3、4歳の時に宇宙船がないことを知り、がっかりした思い出

はせくら　ジュリアンさんが宇宙存在の気配から始まって、その存在を確信するに至った経緯などをお話ししてくださいませんか。

ジュリアン　日本のアニメをよく観ていた3歳か4歳の頃のことです。

突然、「ちょっと気になる質問があるから母に聞いてみよう」と思ったんです。

僕が母に聞いたのは「私たちは宇宙船に乗っている時にブラックホールに入るでしょ？　それでブラックホールに入っている宇宙船と、まだブラックホールに入っていない宇宙船との間のコミュニケーションはどうなるの？　宇宙船同士の電波は届くの？」というものでした。

僕の質問を聞いた母親は、「ちょっと待って。最近テレビの見過ぎかも……この質問はどこから来たの？」となりました。

はせくら　3、4歳で？

ジュリアン　そう。それが自分でも気になっていました。母親は無口になってしまって、そんな母親を見て、もう一度、その質問をしました。「ママ、ねぇ、どうなるの？」と。母親が「ちょっとわからないわ……」と言ったので、僕は「どうしてわからないの？」と聞いたら、「宇宙船って、私たちにはまだないのよ」と言われてビックリしてしまいました。

「まだないってどういうこと？」「そのテクノロジーはまだないでしょう？」「そうか、まだないのか」と思って、次に「じゃあ、ロボットとか、そういうものも存在していないの？」と聞いたのです。その時点で母親は、ちょっとテレビを減らしたほうがいいかもと思ったかもしれませんね（笑）。

はせくら　テレビの見過ぎだと思われたんですね。

ジュリアン　「そのテクノロジーはない」と言われた時に、「いったいここは何？」と思って、すごくがっかりしました。

「この程度のテクノロジーがないとは！　何なのだろう！」「じゃあ、どうすればいいんだろう、僕！」と思ったのです。

はせくら　よく覚えていますね。

ジュリアン　私たちのテクノロジーはまだそこまで発展していないということに、母からの返事でようやく気がついたのです。

それに初めて気がついた3歳か4歳ぐらいの時、「マジか……。ああ、宇宙船がないとは……」とものすごくがっかりしました。

はせくら　私も似た経験があります。幼少時、両親と一緒に街に繰り出した時、「ここを歩いている人たちは、表面の自分だけで生きているんだ」ということに、ふと気がついてしまったんです。

その時の私は、空や花、鳥とも話ができていた感覚があって、心で全部つながっていると思っていたのです。すべてがつながっている中の、人間という私をやっていると。けれど、ある日、街中でたくさん人がいる時に、「あれ、もしかしてこの人たちはその存在たちと話していないの?」と知った時、すごい衝撃が走って、突然、人ごみの宇宙の中にポツンと放り出された感じがしました。とてもショッキングな感覚でした。びっくりしたことを覚えています。

とはいえ、子どもながら「このことを言っても無理なんだろうな?」ということは、わかったのですね。話している内容が、見えていることについてばかりだったので。「私、とんでもない世界に来ちゃった」と思ったのです。

ジュリアン　同じ感覚ですね。前世の記憶が少し残っているその頃に、今世との比較をし、「は!　ここはいったい何!?」「宇宙船がまだ!?　そんなテクノロジーがないとはどういうわけ?」「これからどういう生き方をしたらいいの?」と、すごい衝撃を受けました。

はせくら　ショックですよね。話せないということは、つながりがわからない。「自分」と「他者」という切り離された感覚です。「他者」というのは、人も物もブチブチつながりが切れた中で、その人の表面の部分だけで何かを決断するのはすごく大変だろうと思ったのです。

ジュリアン　あはは。そういった記憶はすごく大切だと思います。

◆初めて存在を感じた7、8歳の頃の話

ジュリアン　母親にビックリされる質問をした3、4歳ぐらいの頃です。夜になると何かの存在感を感じました。

誰かに見られているという感覚、自分の部屋にいるのは自分ひとりじゃないという感じがするのです。でも明らかに、部屋には自分ひとりということがあったのです。そういった不思議な感覚は、幼い頃にずっとありました。

ただ、より過剰になったのは、幼い頃に住んでいたその家から、もうちょっと山よりの家に引っ越してからです。そういった存在をより強く感じるようになったのです。それも「監視されている?」と思うほど。

もしかすると、この家に昔住んでいた持ち主が亡くなったので、「その人の霊が残っているのかな?」と、ふと思ったのです。

そこで、「はい、あなたは亡くなりましたので、どうぞ光へ行ってください」という、

お祈りみたいなことをやったこともあります。

はせくら 何歳の頃ですか？

ジュリアン 7歳とか8歳ぐらいでしょうか。

はせくら お母さんは知っていますか？

ジュリアン 家の中で何かを感じるということを話したことはあります。

なぜ話したかと言うと、存在を感じるのに見えないという矛盾を、無視できないぐらいに強く感じるようになってしまったからです。

確かに誰かがいる。それは確かだと自分ではわかっている。

もうマインドで無視できないぐらいの体感でした。

でも母親は「幽霊なんかいないわ」と。だけど僕は「幽霊が存在しているのがわかる」と確信していました。いったい、「どちらが正しいのだろう」「存在していないほうが正しいのだといいな」と思いながらも、本当はそうではないとわかってはいる。けれど……という、もやもやとした矛盾した気持ちを何年間も抱えていました。

はせくら 何年間も？

ジュリアン　はい、何年間も。母親に「この家に誰かいるよね。感じるんだよね」と言うと、母親は「……うーん……時々感じるかも……」と。「僕たちはどうすればいいの?」「さあね」というような会話しかできなかったのです(笑)。

やはり目では見えないので、どう説明すればいいのか、どういう話をすればいいか、自分はまだ子どもでしたし……。

母親に「仕方がない」と言われたら、それ以上、話をしないほうがいいのかなと思いました。

でも夜になると、頻繁に誰かが訪れてくるというような現象があったのです。

「ただの夢じゃないかな?」と思ったこともあります。

「誰かがいると思ったら、ランプですぐに確認できるのでは?」と思って、外で使うランプをいつも必ずベッドのすぐ隣に置いて、誰かが来たと思ったら、ランプをつけて「ほら誰もいないでしょう」と自分に言い聞かせながら、ランプをしっかり照らして誰もいないことを頻繁に確認していたのです。

けれども何回確認しても、それでも「誰かがいる」という気持ちがなくならないので、

「じゃあ、電気をつけたままにして寝てみよう」と思い始めたんです。それでも存在を感じるのです。

「電気もつけてるし、誰もいないはずなのに、なんだろうこれは?」と、もう自分がおかしくなってきたのではないかと思うほどでした。

ほどなくして、その家から引っ越しをして、しばらくはすっかりそういう体験も忘れていたのですが……。

◆「UFOを見たらどう反応するの?」

はせくら　「どうぞ光へ行ってください」とお祈りした後にいなくなったりはしなかったのですか?

ジュリアン　存在をずっと感じていました。だから、「もっと落ち着いた家で暮らしたほうがいいんじゃないかな」と親が思っていて、それで14歳くらいの時に引っ越したのです。

当時ワンちゃんを飼っていたので、犬の散歩をたまに僕がしていたのですね。ある日、夜7時か8時ぐらいに、または晩御飯を食べた後に突然、「夜になったら、犬の散歩でもしようか。そうだね、そうしよう」という不思議な内面的な会話が始まりました。「何かおかしいな」と思いましたが、「とりあえず外に行く理由をつけよう」と内側の声も聞こえたのです。それ以降、しばらくは夜の犬の散歩が習慣になったのです。

家族が犬の散歩をする時は、できるだけ村内ですることにしていましたが、僕は、「散歩するなら村から出て、田舎のほうに行ったほうがいいかな。そうしよう」とまた内側の声が聞こえて。

そして村から出て散歩していると、存在を感じるのです。

誰もいない真っ暗な夜、車ひとつ来ないし、田舎道だし、少し怖くなってきて「僕は何でここにいるんだろう?」と思いました。

すると「……もし、あなたが今、UFOを見たらどうなるの?……」と、心の中に質問がきて「どうなるんだろう?」と考え始めたのです。

当時の僕は怖がりで、叫んで家に帰りたい気持ちになりました(笑)。

するとますます存在を強く感じるようになったので、「そろそろ家に帰ろう」と思って帰宅しました。そうした体験を何回もしました。

夜、犬の散歩をしながら村を出て、「……UFOを見たらどう反応するの?……」という質問がやってきて、「なぜこの質問が繰り返しくるんだろう」と思いながら、考え始める……。

はせくら 勝手にその質問が内から出てくるのですか?

ジュリアン そう勝手に。2、3回繰り返された頃に、「また次に犬の散歩をすると、同じ質問がくるのかもしれない。でも考えたくないな」と思ってました。

でも、やっぱりこの質問がやってくるのです。

それで「もしかすると、この質問は自分の質問ではなく、〝向こう〟からの質問じゃないのかな」と思い始め、「うわぁぁぁ、いや、いや、いや。そこまでは考えたくない」と怖がりだった僕は思いました。だから、「夜、犬の散歩はいったんやめよう」と決めました(笑)。

◆UFOを見てから「訪れ」の現象が始まりました

ジュリアン　その後UFOを見たのです。初めて見たのは友達と一緒の時で、ひとりではなく、村の友達の家のテラスから、彼と一緒に見ました。

　それから「訪れ」の現象が始まりました。

「訪れ」というのは、夜になると自分の家の中に入り込んでくる存在がいて、ただその存在は目では確認できないので、「不思議だな」と思いつつ最初は無視しようとしました。最初はどうにかできるのですが、時間が経つにつれて存在感がどんどん、どんどん無視できなくなる強さとしてやって来て……。

はせくら　強さが来るのですか？

ジュリアン　そう強さが。僕の部屋は2階にあってトイレは階下にありましたが、夜10時とか11時になると、この存在感があまりにも強くなって、もうトイレに行きたくても行けない……みたいな。行けないぐらい怖がっていたのです。

はせくら　会ってしまうから？

ジュリアン　存在に会ってしまうかもしれないし、目では見えなくても何か出てくるかもしれないし、何か出来事が起こるかもしれない、というような怖さ。

あまりの怖さに心臓の鼓動がどんどん激しくなって、冷や汗をかいていたのです。

はせくら　お母さんの反応はどうでしたか？

ジュリアン　同じ日の夜に誰かが入ってきたというのを、彼女も感じていたそうです。

母の部屋は下にあって、犬もその時ベッドの下に隠れていたそうです。

ただ、その気配が彼女の部屋に行くのではなく、僕の部屋に近づこうとしているのが、母にもわかったようです。

はせくら　彼らは玄関から入ってきたの？　律儀《りちぎ》ですね。

ジュリアン　そうなのです。存在はなぜかいつも玄関から入ってきます。直接、窓からでもいいのに。「なぜなんだろう」といつも疑問に思っていました。

この家だけではなく、ほかの場所に住んでいた時にも、必ず玄関からです。

はせくら　律儀な宇宙存在なのですね。

ジュリアン　まあ、そのぐらいのリスペクトがあるっていうことが、心の良さを表しているのではないかなと思ったのです。「窓じゃなくて玄関を使っていただいてありがたいな」と（笑）。

◆塩を撒いてお清めをしました

ジュリアン　当時フランスで出版されていたUFOに関連する本は、アメリカでの拉致《らち》事件とか「ショート・グレイ」という宇宙人とか、あまり印象のよくない話ばかりでした。

本を読んで自分が体験していることと比較しても、あまりにもマッチしなくて、最初は宇宙の存在とは想像がつかなかったのです。

ですから、亡くなったもとの持ち主が家の中に残っているのではないかと最初は思っていました。だから「あなたはあの世の近くにいますので、もうすぐこの家を離れる時期になりますよ。ほら光が見えてきます。光のほうへどうぞ」という簡単なお祈りをしながら塩をかけたのです。

はせくら　塩！　やはり塩をかける、撒くのですか？

ジュリアン　そう、東西南北に塩をかけたほうがいいと、どこかで読んだことがあったので。

はせくら　フランスでもそうなのですね。

ジュリアン　ええ、フランスでも聞いたことがあるので、効果があるかどうかわからないけれど、子どもだったので、「じゃあ、やってみよう」と。

はせくら　お清めですね。

ジュリアン　塩をかけてみたのですが、その後、すぐに掃除機をかけました（笑）。母親に「なぜ塩をかけたの？」と言われるかもしれないので（笑）。

それでも現象が続いて、「これはいったい何？」「もう眠れない。次の日は学校に行かなきゃいけないし、もうすぐ試験があるのに……」といろいろ考えて悩んでいました。

はせくら　それが15歳の頃？

ジュリアン　16歳でした。ＵＦＯを見て、そして訪れの現象があって、最初はそれがつながっているとは思えませんでした。
漠然と思っていたのは、「1回UFOを見たので、また見るかもしれない。今度はもっと近くに来るかもしれないし、顔を出して話をするようになるんじゃないかな」という想像でした。「もしショート・グレイだったら実験されるの!? それは嫌だな……」と。

はせくら 拉致される?

ジュリアン そうです。拉致されるのはちょっと嫌だなとか、まあ、でもしようがないだろうなとか(笑)。

◆宇宙人に「姿を見せるな、声も出すな」と頼みました

はせくら 最初に見たのはどんなUFOでしたか?

ジュリアン 最初に見たのは光です。大きな光のボールが現れて、バーーーッと移動して消えました。

そしてもう少し大きくなって現れ、今度はものすごいスピードで移動しました。それは飛行機ではないということを僕に見せるためで、瞬間移動の仕方を見せてくれたのではないかと思いました。同じ動きを2、3回繰り返して消えたのです。友達と一緒にそれを見たこともあります。

僕の家の近くにディジョンという街があって、そこに住んでいたUFOに興味を持っているお年寄りとたまたま知り合いになりました。

彼はポラロイドでUFOの写真を頻繁に撮っていましたが、ちょうど僕たちがUFOを見た日に彼のところにもUFOが現れて、ポラロイドで写真を撮っていたのです。

ですから、僕だけではなく隣りにいた友達も、ディジョンに住んでいたおじいさんも同じUFOを目撃したことになります。

ひとりでUFOを見たのなら、次の日に、「でも、あれはただの錯覚かも……」と思ってすぐに忘れたかもしれません。でも、私たち3人で同じUFOを見たので、見たことを確信できるのです。

はせくら　UFOを見て、訪れが来て、その後はどうなったのですか？

ジュリアン　母親に話すよりも学校の同級生に話してみたくなりました。その同級生は女学生で、どんな話をしても受け入れてくれるかなと思ったからです。

案の定、僕の話に彼女はすごく興味を持ってくれて、「それは何かしら。ＵＦＯを見たのなら、宇宙人じゃない？」という話になって、僕も「宇宙人？　でも、その現れ方の意味がわからないな……」と話がはずみました。

その後、彼女もＵＦＯを見たのです。そして僕と同じく「訪れの現象」も始まったので、ようやくひとりではなくなり、ひと安心できました。「君もそういう体験をし始めたんだね。よかったぁ」と。

彼女は、僕と違って怖がりではありませんでした。逆に宇宙人が存在することに対して、すごく喜んでいました。彼女は「私たちはひとりではないことが嬉しい」と言っていて、そして訪れが始まった時、「来てくれた。よかった。ありがとう！」と言っていました。

それを聞いた時に僕は、「自分はアメリカ人のＵＦＯストーリーを読みすぎたのかもしれない。彼女の話を聞いて、怖がりが取れたかもしれない」と思い、もっと気楽に明るく、そういう体験を受け入れたほうがいいんじゃないかなと思い始めたのです。

でも、やっぱりそう簡単にはいきませんでした（笑）。

夜になって自分の周りにうようよと存在を強く感じると、これからどうなるのか心配で、心臓のドキドキはマックス。それで彼らと話をしようと思ったのです。

でも最初は、「もし存在と話ができたら、その存在が存在していることを僕が認めることになってしまい、結果として、もっと強く存在を感じるようになるかもしれない。それはちょっと怖いな」と思いました。だから無視したほうがいいと最初は思っていたのです。

でも、どこまで無視ができるかにも限界があって、「あなたたちがいるのは、もうわかっているよ！　ただ声は聞きたくないので、最初は音なしでお願いします。見る必要もないと思うので、ビジュアルなしでお願いできますか？」と頼んだのです。ははは（笑）。

はせくら　注文が多いですね（笑）。「姿を見せるな、声も出すな」と？

ジュリアン　そう。「姿かたちもなくて、声もないのなら、できると思う」と伝えました。

◆彼らは夜に、少しずつ僕のほうに近づいてきました

ジュリアン　今、考えるとちょっと厳しかったかなと思います。でも、その時は16、17歳だったので、ティーンエイジャーはまだ心の安定なんてない頃でしょう？

心の中に誰かの声が聞こえてくるなんて「もう、自分がおかしくなっているのではないか」と心配になったのです。

はせくら　「心療内科に行ってください」という話になりそうですね。

ジュリアン　そうなのです。1997年のあの時はまだ、インターネットも普及していなかったので、同じような体験をしている人の話に接する機会はなかったし、「この現象を控えめにする方法がないか、激しくならないようにするためにはどうすればいいのか」と真剣に考えて、「音なし、ビジュアルなしで」とお願いしたのです。

「……あなたたちがいることはわかっています。夜に来る時は、あなたがやりたいことをしてもいいですよ。ただ、それを僕がわからないようにやってください……」と伝え

ました。

はせくら　願いは聞き入れてくれたのですか？

ジュリアン　と思います。

はせくら　玄関から入ってくるだけの礼儀正しさがありますね。

ジュリアン　実際に彼らは夜に来た時に、少しずつ、僕のほうに近づいてきました。

「……あー、来ましたね……あ、耐えられるのはそこまでですよ……」と。

次の日に起きたら、漠然と不思議な夢やイメージがまだ動いているような、不思議な感じでした。それが夢か現実なのかわからない時期が続いて、「そろそろ学校に行く時間だから、これ以上考えるのはやめよう」と思って一日が始まるパターンが半年ぐらい続きました。

◆存在が見せてくれた異次元の世界

ジュリアン　けれども、ある日、「あなたたちは、どんな目的があって、これほどまでに僕の夜を邪魔するのか！」という怒りがバカーンッと爆発しました。

はせくら　勉強しなきゃいけないないですしね。

ジュリアン　次の日に試験があるし、その時期は寝る時間も大切でしたから、カーッと頭に来て一回だけ爆発しました。

その時、彼らは無言、ミュートになっていたからかもしれませんが、僕の怒りが伝わったことが雰囲気でわかったのです。

そうしたら「私たちが一緒にやっていることを見たいわけだね？　じゃあ、少しだけ見せよう……」と言ってきたのです。

あの夜は、全部の記憶が残っているわけではないのですが、夜の間に不思議な体験をしました。夢を見ているのですが、その間に自分は違う体験をしている……それが同時に起こっているのです。

もっというと最初は夢だけ見ていて、そして、夢を見ている自分からちょっと離れて、違う体験をし始めるというような体験です。

はせくら　同時多発みたいな感じですか？　それとも次元が違うような並行的に見てい

る感じでしょうか？

ジュリアン　そう、次元が違う感じです。最初はひとつだけれど、ポコッとふたつの次元になって、並行に進み始めたのです。

体が見ている夢は簡単な話で、全部把握ができるのですが、2番目の自分は、より刺激的でチャレンジ的で新鮮な現実として何かを体験していました。

どういう体験かというと、この体を離れて、彼らとどこか違う場所へ行くわけです。その場所は、いろいろな人が集まっている場所で、あえて言えば教室みたいです。

いろいろな人が座っていて、先生が話をするというような場所。僕は生徒のひとりとしてそこに参加しています。話の内容はあまり覚えていません。

ただ、席に座っていた自分は多くの人々を見て、「こんなに人がたくさん集まっているのは、いったいここは、どうなっているんだろう？」とすごい衝撃を受けているのです。その後の記憶はあいまいです。同じ教室にいた大勢の人たちと何らかの交流があったのは確かなのですが、交流の内容にはアクセスできないのです。

先生に質問されて、自分がそれに答えているという体験は覚えているのですが、その時の内容は見えてこないのです。
はせくら　まあ、立体ミュートモードということですか?
ジュリアン　そうなのです。願った通りにミュートになっていました。
朝起きたら、ものすごく衝撃的でショックでした。嬉しさもあり、寂しさもあり、感情があまりにも不安定で、やっぱりそれぐらいの記憶を体験すると、ものすごく自分が不安定にされるなと思い、意識して体験しないほうがよいのだろうなと思いました。
はせくら　10代という「敏感性」のある時代に、こういう体験は衝撃的ですね。

◆人生はひとりではなく、彼らとともに歩んでいく

ジュリアン　存在との交流は夜の間だけでしたが、しだいに夜だけではなく、昼の間にも彼らとの絆を感じられるようになりました。すると、「これからはもうひとりではない。**ずっと私たちはつながっている**」という不思議な感覚になったのです。
「これからひとりでこの人生を歩んでいく、というわけではではなく、『私たち』がこ

の人生を歩いていく」という感じです。

当時のティーンエイジャーの自分にとっては、かけがえのない体験だったと思っています。

時に彼らが、この絆を切ったり、また復活させたりということもしていました。

彼らがその絆を切った後に、それも突然ですが、わかるのです。

「今、絆が切られた。どうしてだろう?」と思って、「ちょっと悲しい。悲しくなってきた……」と日記に書いたこともあります。

「……彼らとの絆が消えた。彼らがそれを切ったのかもしれないけれど、今はひとりぼっちになった。ちょっと寂しいと思っている。まあ、でも自分にとってはいいことかもしれない……」と。

なぜかというと、こういう絆を常に保っていると、だんだん今ここにいる現実との距離が大きくなっていって、結局、今、この現実の大切さを見失っていくのではないかという恐れもあったからです。

それで、たまには彼らとの絆を切ったほうがいいのではないか、と思って、1か月間、彼らと絆なしの日々を送ってみました。

実感できたのは、「より〝今ここ〟にいて、この人生の体験に戻ることができた」という感覚です。そんなふうに当時は、絆があったりなかったりの日々を繰り返していました。

はせくら　切断と再接続。

ジュリアン　はい。そのおかげで「絆とはどういうものであるか」ということがわかりました。突然なくなると「今まであった」ということに気がつくでしょう？

それで、「あるのと、ないのとでは、何が違うのか？」ということにも気がつくことができるようになりました。この体験はとてもよかったと思います。

はせくら　素晴らしいです。

◆宇宙の存在たちを無視し続けた日々

ジュリアン　それから数年後、大学に入ろうとした時に、「もう宇宙の存在たちとは、ちょっと距離を置いたほうがいいんじゃないかな」と思いました。

僕のマインドが時を経るにつれて固くなったのかもしれませんが、宇宙の存在に「僕はこれから、仕事というか、プロフェッショナルの世界に入るかもしれないので距離を置きたい。もうちょっと真面目に自分の人生に踏み込まなきゃいけないから」と伝えたのです。

はせくら　オフモードへ。

ジュリアン　そうです。今度は自分がこのドアを閉めることにしたのです。

そんなことができるかわかりませんでしたが、一応やってみようと思いました。

それでドアを閉めようと宇宙の存在たちに対して、何があっても無視、一生懸命無視をし続けました。

彼らの存在を感じても「何も聞こえなかった、今、起きていることは何もない」と無視、無視、無視と、2年間無視し続けました。

はせくら　それは長い。

ジュリアン　ええ、かなり長かったです。彼らを無視している時に、こんなことが起きました。存在が玄関から入ってきて、そして部屋のドアの後ろに立っていることや、僕を待っていることを感じましたが、知らないふりをしました。

そして僕が部屋の光を消す時に、ドアを通って部屋の中に入って来るというパターンが続いた後、今度はさわってきたのです。

はせくら　ああ！　さわって？

ジュリアン　「マジか」と最初は思いました（笑）。

「そうされてまで無視できるかどうかわからないなあ……」と。

存在の言葉もビジュアルもないのに、自分の手の筋肉が勝手に動くのです。

自分で自分の足の筋肉を持ち上げたり、自分が動くのとは明らかに違う感覚で、外から自分の筋肉が動かされる感じなのです。

はせくら　なにかに触れられている……のではなくて？

ジュリアン　そうではなく、筋肉が内側から動くのです。

はせくら　すごいですね。

ジュリアン　それを初めて体験した時に、「ちょっと待て。今、自分の手は、自分が動かしているというわけではなく、外がこれを動かしているというわけだ……」とわかったのです。

それを2、3回、4回、5回と繰り返されて「お願いです、もう、わかりました」「もう目で見ましたので確認できました。もう、これでおしまいにしてください。お願いします」と彼らに伝えたのです。

はせくら　おしまいにしたいと。

ジュリアン　そうです（笑）。彼らはいったい何を伝えようとしているの？　こんなことをして。もう十分わかりました……と。

だけど、そういう現象を通して彼らは、私たちが目で見ている次元と彼らが常に体験している次元のつながりはどこにあるのかということを見せてくれたのだと思っています。

この体は、ただの体という機械であり、人形のようなもの。

物質次元を超える「光の存在」である私たちは、今、この肉体を通してこの次元を体験しているにすぎません。ですから、この体は大したものではない。「あなたはこの体ではない」ということを、彼らは見せたかったのだと思います。

はせくら　体というものは、ひとつの機械のようなもので、それはあなたの本質ではない。だから「体はあなたではない」ということを宇宙の存在は教えてくれた。

ジュリアン　はい。言葉よりも体験のほうがもっと身につきますから。

はせくら　その人にとっての真実ですから。

◆友人と二人でお香を炊いたら、宇宙の存在が現れました

ジュリアン　もうひとつ体験談があります。今度はひとりではなく友達と一緒で、しかも夜ではなくて昼でした。

あの時はUFOを2回見て、2回とももうひとりの同級生に話をしました。

なぜかというと、当時はそういった話は今みたいに簡単にできるわけではなかったのですね。でも、宇宙の存在たちから、「この人と私たちの話をしなさい」「やりなさい」というプレッシャーを感じ始めていました。

でも、僕は絶対にそういう話をしたくありませんでした。

もし、その話を僕がして、向こうが「何の話?」と、そっけない反応だったら、もう二度と話ができなくなるので、まずその人の寛容性を確認してから「やれ、やれ」と言ってほしい……と宇宙人に言ったのです。

はせくら　さすが。その頃からコーディネーター、コンサルティングの手法が発揮されていたのですね。

ジュリアン　そうかもしれないですね(笑)。その同級生に話をしたら、すごく寛容性のある人で、安心した僕は、もっとそういう話をできるかなと思い始めたのです。

彼女は寛容性もあって、敏感性も持っていた人でした。当時、彼女は、僕が初めて聞くチャネリングという言葉を知っていて、「もしかすると、彼らとチャネリングができるかも」という話をし始めたのです。

ある日、彼女が近所の村から自転車でお茶を飲みに来た時に、不思議な現象が起こったのです。昼の間、家には誰もいなくて、私たちは二人っきりでお香を炊いていました。お香の煙がすごく綺麗な模様になっていき、差し込んできた太陽の日差しに照らされて、「キレイだな」と思いました。

二人とも模様を眺めているうちに、ふっと眠り始めたんです。眠りとはいっても、寝ている間のことを夢に見たり、体だけが眠っていて意識は起きているというような微妙な眠りでした。

やがて存在の気配が部屋のドアから入り込んで、「あ、来たな」と思っても、どうしたらいいんだろう、逃げようとしても、自分の体は完全に眠っているので動けない。

そこで、その存在は、その存在の指で、私の腰のあたりに入って、そして骨にまで行って、その中にある神経にさわったのです。

さわった時にピンッと刺激が走り、足が動きました。それで去っていったのです。

はせくら　すごいですね。

ジュリアン　目が覚めて僕たちは、「今ちょっと不思議だったんだ」「そう、誰かが入ってきたじゃない」「誰かが来て、こんなことをしたんだよ」「ふーん」などと話しましたが、それに対して私たちはどう理解すればいいのかわからなかったので、それ以上の話はしませんでした。その存在は、宇宙の存在だったと私は思います。

つまり、**その存在の周波数でわかるのです**。

その存在は、私たちをまずお香の煙で眠らせるために、「この模様をどうぞ見てください」という、催眠のサインを送ったのではないかなと思います。

はせくら　面白い模様でしたか？

ジュリアン　すごく綺麗な模様で、「ワォ！　綺麗な模様だな」と見入ったほどです。いつの間にかふっと眠くなって、そして存在がやってきて「あなたたちはこの体だけではない」と教えてくれたと思うのです。

はせくら　この前に体験したのはひとりだったけれど、今度は二人でゆっくりとしたペースですが、確実に進んでいますね。

ジュリアン　やはり体験しないと本当のことなのかどうかの判断はできないので、「じゃあ、体験に基づいたペースでいきましょう……」と存在たちが決めたのではないでしょうか（笑）。それはすべてワンネスを体験する前の時期でした。

◆「訪れの現象」とワンネスの体験

ジュリアン　宇宙の存在たちを無視し続けた2年間が終わって、当時は大学の2年間でできるだけ良い成績を取ろうと努力していました。

それ以外のことは考える余裕がなかった時期がようやく終わって、パリの大学にも転学できたので、「これでひと安心。ひと息つける」という時期にワンネスの体験をしました。

ワンネス体験をしたのは、パリに引っ越して兄のところに暮らし始めて3か月間ぐらいたった頃のことです。当時、僕は兄のところに移ってすぐバイトを始めて、毎日が仕事という忙しい毎日でした。

まずは兄のところに引っ越した翌日、すぐに「訪れの現象」が始まったのです。「訪れの現象」はしばらくなかったので、「あ、今さら訪れ。しかも、自分の家ではなく兄の家で……ちょっと困るな」と最初に思いました。

しかし宇宙存在の訪れは一回だけではなく、次の日も、その次の日もやって来て、ついに4日目に、うちの兄が「ジュリアン、夜に何か現象があるけど、あれは何？」と聞いてきたのです。

はせくら　ははは。

ジュリアン　兄は「ここは僕の家だから知らなきゃいけない。いったい何？」と。

そこでこれまで僕が体験した存在の話をしたら、「彼らはなぜ、僕の家に来るの？」「それは彼らに聞かないとわからないよ」「じゃ、直接聞いてみよう」となったのです。

それで、次の日に訪れが始まった時に兄が電気をつけて、「あなたたちは誰ですか？なぜここに来たのですか？」と存在たちに聞いたわけです。

はせくら　お兄さんが聞いたのですか？

ジュリアン　存在は兄の質問に答えてくれました。兄はその答えに対して、「すごく安心ができた自分を覚えているけれど、どうして安心できたのかが、さっぱりわからない」と不思議そうでした。

はせくら　なぜ？

ジュリアン　つまり、答えを受け取っても、答えが記憶に残らないのです。けれど、結果としての安心感はずっと持っているわけなので、二度と聞く必要もないのです。

はせくら　何と言ったかはわからないけれど、とっても安心したのはわかるのですね。

ジュリアン　はい。僕じゃなくて兄のほうがですね。

はせくら　その時、ジュリアンは何をしていたのですか？　ただ見ていたのですか？

ジュリアン　寝ていたので、僕は何があったのかはわかりません。

訪れが来る時にはある程度、我慢できる限界があって、限界を超えると意識がなくなって寝てしまうというか、何が起きているのかわからなくなるのですが、その時もまさにそんな状態でした。

はせくら　面白い。

ジュリアン　この現象自体、さまざまな視点から見えてくることがありますし、いろいろなヒントが与えられたと思います。

はせくら　お兄さんの、内容はわからなくても存在から安心感を与えてもらったリアルな体験は、非常に説得力がありますね。

ジュリアン　そうなのです。確かに、言葉よりも感覚のほうがよりリアルに捉えられます。兄は存在からの答えを聞いた瞬間に、「なるほど。そういうことか」と安心感を抱いたのですから。そこしか覚えていない兄も、それだけで納得ができたのです。

はせくら　今のお話は、理屈好きなフランス人にとっては、整合性がつかなくなりそうな話ですね。「説明をしてくれ、エビデンスを見せてくれ」と。(笑)。

ジュリアン　あはは。確かにそうですね(笑)。

◆宇宙の存在は波動を自由自在に扱うことができます

ジュリアン　兄の住まいにいたのは3か月間という短い間でしたが、それまで体験したことがないような出来事がありました。

兄と一緒に住んでいたので、兄と同じ体験をできたことで、話し相手がいるからとてもよかったです。「今日はこれを体験しました」「あ、僕も」と話ができるからこそ、どうにか消化できたのだと思います。

私たちが二人で体験させられたのは、まず毎日の訪れ。必ず毎日起こるのです。次の日は一日中仕事ですので、最初は「これは大変だ」と思っていました。

そこで波動とか周波数という話になりますけど、波動や周波数などは、感覚で読み取るものではないでしょうか。

ただ、それを言葉にするのはすごく難しいですね。だって感覚ですから。

日本語で説明しようとするなら、言葉はいろいろあると思いますが、フランス語で波動や感覚を言葉にしようとすると難しいです。

相手は、「それは感情の問題ではないですか?」「それはただの気持ちじゃないの?」「マインドがつくり出したものでは?」などと、それは「現実のものではない」という捉え方になってしまうからです。

はせくら　そこをつなぐ言葉、単語は存在しないのでしょうか?

ジュリアン　あってもあまり使われていません。波動をフランス語で言うと「バイブレーション」になりますし、「車のエンジンが振動している」それもバイブレーションというもので、機械が働く時の「振動」と理解されてしまうんですね。なので「いや、そういうバイブレーションじゃないんですよ。心で感じるバイブレーションです」と言ったら、「え？　いったいどんな話？」と（笑）。

はせくら　波動は物理的な振動とかエネルギーなどの現実的な世界の話になってしまうのですね。それは大変。

ジュリアン　ええ、ですから存在から発せられている波動を、私たちは何回も何回も体験してきたのですけれど、それを体験したことがない人に説明しようとしても、「え？」となります。特にフランス人。彼らにとっては、非常に想像しにくいのです。

ただ、波動を伝えること自体はすごく大切です。

key（鍵）となるコンセプトだと僕は思うのです。

言葉を超える手段として、コミュニケーションの波動もあります。

例えばですね、彼らとの話は「ビジュアルなし、声もなしで」とお願いしたので、最初から波動でどうにかコミュニケーションが取れたのかもしれません。存在感から伝わる情報、雰囲気で、相手が言いたいことがわかるというコミュニケーションでした。

彼らにイメージやアイディア全体などもいっぺんで波動で伝りましたし、その後、守護霊から伝わるメッセージも波動の媒体で伝わっていると何回も体験しました。

彼ら宇宙の存在たちのことを、僕の周りの人たちに話してみなさいというプレッシャーも言葉ではなく、波動で来ました。

言葉ではなく、彼らの意志が伝わってくるのです。

波動はとても重要な概念です。

そして、**宇宙の存在が私たちの日常生活を変えたり歪めたりする力を持っているのは、波動の周波数を自由自在に変えることができたり、波動を自由に扱うことができる存在だと気がつきました。**

いつか宇宙のことをより理解し、そういった波動の働き方を知ることで、私たちにも新しい可能性がやってくると思います。

◆存在の影響で、家の周波数がレベルアップされた

ジュリアン　当時、宇宙の存在が3か月間毎日訪れたことで、彼らの刻印のようなものが、何かが訪れた家の中に残っていたのです。
　昨日「ここにまず来て、その後にここに移動して……」ということが目では見えないけれども、感じられながら確認ができるのです。

はせくら　サイコメトリー（残留思念）みたいな感じでしょうか？

ジュリアン　そうかもしれません。彼らの波動は私たちの波動と周波数的にはものすごく違うので、わかるのでしょうね。
　でも頻繁に来ていると、その場所の波動も、彼らの波動に合っていくのです。
　だから、もとの周波数に戻るためには時間がかかるかなという感じです。
　特に玄関のあたりは、彼らが毎日来ていたので、彼らの波動が刻印されているのです。

はせくら　最高のヒーリングスポットですね。

ジュリアン　玄関に行くと、彼らとつながるような気持ちになるのです。

はせくら　正しく〝ゲートウエイ〟じゃないでしょうか？

ジュリアン　はい、私たちの部屋に着くまでに、まず台所を横切って、リビング、部屋

ました。

なので、毎日の存在の訪れで、2か月も経つ頃には、玄関だけでなく、台所、そしてリビング、私たちの部屋と、家自体のすべての周波数がレベルアップされたような気がしました。

仕事から家に戻ったとたん、外と内との周波数の違いがありすぎて、「ウァフ!」「なんだ!?」というそんな感じがしました。

はせくら　お兄さんも感じていたのですか?

ジュリアン　そうです。そのおかげで、兄も僕も開放的な意識状態になっていったのです。家の周波数が変わることで、自分の意識も家の外より中にいたほうがインスピレーションが上がってくるし、何かを知りたいと思うと、その情報がすぐに降りてくるというような感じです。

「昨日の夜の訪れは、これとこれの記憶があるけれど、お兄さんは?」という話を家の中で始めると、ばばばばばっと意識や記憶が開かれるのです。

はせくら　きっと、花火が上がるような感じなのですね。

ジュリアン　はい。兄の記憶と自分の記憶がパッと重なって開かれる。そのおかげで、より大きなイメージが見えてくるのです。

例えば、兄が質問したいことがあって、その答えを先に僕が言ってしまうみたいな。「え？　まだ質問していないんだけど」「そうなんだ。でも聞きたかったでしょう？」「聞きたかった」。そういったインスピレーションが湧くのです。

はせくら　聴こえちゃうのですね。

ジュリアン　家族で一緒にいるからということもあると思いますが、頻繁にそういうことが起きると、やはり周波数の結果だと思うのです。

あれから、今でも、より高い周波数の場所や、そういった周波数を発する人に頻繁に引っ張られます。

◆意識のシフトで感じた愛

ジュリアン　その周波数の影響からか、時には家にいなくても、外で仕事をしていても不思議な体験をし始めたのです。

ほんの一瞬だけ「おぅっ!!」という意識のシフト。
この意識のシフトとは、例えば一瞬だけでも自分の意識が地球と一体になって、そして地球のあまりにも壮大な大きさ、自分はその壮大な大きな枠の一部になっていて、素晴らしい気持ちに感銘を受けるという感じです。それを一瞬に体験するのです。

はせくら　地球と自分がパーンとひとつになるような?

ジュリアン　はい。仕事をしながら、「ぶおぅっ!」と地球と一体になって、仕事に戻ります。

はせくら　なかなかエキサイティングですね!

ジュリアン　家に戻ってから兄にその話をすると、「あ、僕も」と言って「何時頃に?」と聞くと、ほぼ同じ時間に、別の場所にいて、同じ体験をしているわけです。

はせくら　レゾナンス(共鳴)ですね。

ジュリアン　最初はそれがどういうものか、よくわかりませんでした。
だから僕たちは「ありがたいなー」「あー素敵だなー」としか言わなかったのですが、どんどん意識のシフトが行われていって、こういうフラッシュ的な意識のシフトが、昼間、仕事をしている途中で何度もありました。

はせくら　その時の仕事は何をされていたのですか？

ジュリアン　その時の仕事は、パリ郊外の町々の雑草を取り除くというバイトでした。

面白いのは、バイクに乗って町のあちこちに行かなければいけなかったのですが、そのバイクはタイヤが四つあるバギーだったので操作の力が要るのですが、このバギーを運転する時に突然意識のシフトが起きて……。

はせくら　すごい。マインドの力をフル回転して外界を見なきゃいけない瞬間に、そんな覚醒体験的なことが起きたら、びっくりですね。

ジュリアン　あまりにも突然で「ワォっ！」って（笑）。「このバギーはすごいな」と。

はせくら　それがワンネスへと拡大していくのですね？

ジュリアン　そういう意識のシフトが頻繁に起こって、兄も同じシフトを体験していました。それが今度は一瞬ではなく、もうちょっと長く、深くとなっていき、僕たちは「いったいどこまで発展するのだろう？」とちょっと心配になり始めていました。

心配というか、あまりにも素晴らしくて、言葉に言い表せないくらい美しくて、こんなにも美しい体験はしたことがなかったので、この美しさ自体が、生きている意味なのだと感じていたのです。

そして愛もあります。意識のシフトで感じた愛は、今まで体験したことがないぐらいの愛で、**愛と喜びがひとつになるというものでした**。それ自体が生きているということであり、そのもの自体が美しいというようなことが混じり合って、愛、喜び、美しさ、この三つを融合した心の動きを感じられる体験でした。

意識のシフトが始まるという突然で不思議な現象で、結果としてこの意識のシフトの間に日常の物事の見方が拡大され、すべてが可能であると気がつくような確信が心に溢れてきたり。

そして、**すべてがひとつになる、自分は宇宙であり、「自分」という個別な存在は消えてしまい、その代わり「宇宙と一体になる」**という、頭では想像できない存在の状態になる……言葉で説明しにくいこの体験をして、何回もそれが波のように引き寄せられては、また去って、また戻って、また去って……と頻繁に体験をしました。

はせくら　美しいですね。波のうねりのようにどんどんウェーブが大きくなって。

ジュリアン　兄と住んでいた3か月間に、そういった意識体験がずっとあって、より頻繁になって、兄も同じような体験をしていました。

◆愛を感じると、どこにいても涙がボロボロに……

ジュリアン　それから3か月を経て、夏が終わって9月あたりに、今度はパリ市内に引っ越しをすることになったのです。
はせくら　お兄さんのところはパリではなかったのですか？
ジュリアン　パリ郊外でした。
はせくら　パリ郊外からダウンタウンのほうに引っ越したのですね。
ジュリアン　はい、ダウンタウンに引っ越してひとりになってからも、意識のシフトがまだ続いていました。
　あまりにも頻繁になって深くなっていくので、日常生活には困るようになってしまいました。迷惑というほどではないのですが……。

例えば、スーパーで買い物をしている時に愛を体験しながら生きていること自体がどんなに素晴らしいかという感銘を受けて、もう涙がボロボロ止まらなくなったり、横断歩道を渡っている途中でそれが起きたりとすると、素晴らしいことなのですが、突然すぎて困るのです。

もし、面接を受けている時だったら、「どうするの、これ?」みたいな。途中で「ちょっと待ってください。今、愛を感じて涙ボロボロなんです」って、面接官に言えるかなぁと(笑)。

はせくら 涙がボロボロ出てしまう。

ジュリアン はい。ボロボロ溢れてしまうほど、感動しすぎるほど違う現実になってくるわけです。

意味がわからないようなイメージなどに取り替わるので、もう歩けないくらいです。どこへ行くのかということもわからないし、この体の中にいるということさえもわからなくなって……。

はせくら 「私」という意識も消えていくのですね?

ジュリアン　そうです。「私」という個別な存在でさえなくなるので、最初は「ちょっと危ないな」と思いました。

「いくら体験が美しいと言っても、止める方法を探したほうがいいのだろうな」と思ったのです。

◆ワンネスのトリガー（要因）となるものとは？

ジュリアン　意識のシフト、ワンネスの現象を止める方法として、最初は物理的なやり方を考えました。

ものを3次元で一生懸命、頭の中で想像するやり方です。

例えばお茶のカップを3次元で想像し、次に、そのカップが動いているのを想像しながら、それに集中していくという止め方もやってみました。

でも、あまり効果はなかったので、「じゃあ、どうすればいいんだろう」と考え、「まずは、どうして突然意識のシフト（ワンネス体験）が起きるのかを考えたほうがいいのでは」と思いました。

「もしかすると、まだ気がついていないことがあるかもしれないし、だからこそ、引き起こされるのではないか？」と思ったのです。「じゃあ今度、それが出てくる時に、直前に何があったのかを観察してみよう」と。

でも、難しいのは、ワンネスに近い現象が始まる時ではもう遅すぎるのです。その直前の行為も思考も消えてしまうので、「あ、今回も遅かった」「また今回も遅すぎた」となり、3週間ぐらい続けてようやく、「わかった、これだ！」と、いくつかの要因を見つけたのです。

こういう「観察」を長い間してきたおかげで、普段と違う意識状態にもなったのではないかと今は思っています。

「ワンネス」を誘う要因を見つけて、そしてそれらのものを避けようとすれば、ワンネスみたいな現象、体験は控えめにできる、またはストップすることができると気づいたのです。

それらのものとは、まずは「愛情」です。

赤の他人でも近しい関係でも、人間と人間がお互いに愛情を示すのを見る時がきっかけとなります。

つまり、AさんからBさんへ愛の気持ちを伝えるということを見ると、それがひとつのトリガー（要因）となって体験が起こるのです。

もうひとつの要因は「**音**」。音楽であったり、機械の音でも何でもいいのですが、スペースミュージックのようなメロディや高い周波数を持った音楽だと、よりトリガー（要因）となって、こういった体験が引き起こされるのです。

はせくら　なるほど。人と人との愛情とか調和のとれた音楽、環境音楽だと、よけいにそうなるのですね。

ジュリアン　そうなのです。宇宙的な音楽とか、そういった音だとより起こりやすくなります。それと、もうひとつの要因が、「**観察**」です。

物事を観察するというのは、マインドが静かになっている時です。

静かになってきたらスペースができているので、そのとき周りの愛情を見ていくと、そして、そうした音が鳴ると、体験が起こりやすくなることに気がついたのです。

そこで音や愛情表現、音楽を避けようとしました。

はせくら　「無駄な抵抗はよせ」と（笑）。

ジュリアン　そうはいっても、スーパーで買い物をしている時などは本当に困りました（笑）。横断歩道を渡った時に車の前でボロボロに泣いてしまって、お巡りさんにピリピリピリッと笛を吹かれて「何しているんですか!?」と言われたこともありました。

なので、それらの要因を揃えて、意識のシフトは家で体験しようと決めたのですね。

それで、初めて家でやってみたら、今でも鳥肌が立つのですが、言葉にならないほどより深いワンネスを体験することができました。

つまり、自分でそれを起動していくことで、より深く体験できたのです。

はせくら　意図的ってすごいですね。

ジュリアン　志の力ですね。

◆テーマを見つけてワンネスを引き起こす

ジュリアン　当時はワンネスの言葉も知らなかったので、そのこと自体がどういうことかもわからないですし、「もしかしたら、宇宙のどこかに行っているのかな？　宇宙に行けるとしたら、何か勉強ができたらいいな」と思いながら、「今回は○○を勉強したい」とテーマをつけて起動したのです。

テーマをつけたら、今度はそのテーマについて、いろいろな体験をさせられるようになりました。そこで「次は違うテーマにしよう」となって、そういったシリーズを始めたのです。

はせくら　どんなテーマを選んだのでしょうか？

ジュリアン　一番最初のテーマは、「地球のことや自然のことをもっと知りたいな」と思って選びました。その時に「地球の叫び」を体験したのです。それは地球そのものの喜びと悲しみが混ざった叫びでした。

これは『ワンネスの扉』の中のひとつの項目になっています。

はせくら　「ガイアの叫び」とありますね。

ジュリアン　はい。「ガイアの叫び」です。そして言葉でテーマを選ぶというよりも、感覚として、「この方面をより深く勉強したいな」と思っていることをテーマにして、「では、そっちの方向に行きましょう」という感じでやっていたのです。

ある時は、「宇宙に旅に出たい」と思って、宇宙と一体化して宇宙から見た宇宙を体験しました。すごく素敵なところを観察できたのですが、それは地球ではなく、違う惑星でした。

その惑星にも生き物がいて、違う文明があって、個別の存在たちがひとりずつのパッションや感情を表していて、みんなで関わっているのです。

そういうことを宇宙から見ながら、その存在たちに対して、愛を感じていたのです。「愛を感じながら彼らが関わっている」それは宇宙として一番望ましいことであると。

関わりやつながりの世界から日常生活に戻ると、「そうか。だから他人と関わる、または他人といろいろなことをシェアする必要というのは、そこから来るのだ」とわかりました。

宇宙から見ると、私たちがお互いに関わっていたほう、つまりさまざまな人々とふれ合ったほうが、より幅広い可能性を誘うことになり、お互いにプラスになるということ。

また、**真の豊かさは関わりの中で生まれた関係性、または「縁」の大切さ**だと、その時にわかりました。宇宙の視線から見ると、それが理想的だということがわかりました。

はせくら　インターコネクティブな相関の中で、より増幅、増長して、それが宇宙の望みであるということですね。

ジュリアン　はい。そのように理解しました。

◆「頭で知ること」と「存在としてわかること」の違いとは？

ジュリアン　そして、もうひとつ大切なことがありました。あの時にワンネスで体験したテーマのおかげで、「今、自分が大学でやっていることをやめたほうがいい」と気づくことができました。

そこから違う方向に行こうと決めるのに、すごく役に立った情報でした。

その時は「頭で知ること」と、全身で「存在としてわかる」というのは、どんな違いがあるかをテーマにしたワンネスの体験でした。

その時ワンネスを起動して見たのは、まず「知っていること」は、マインドという媒体を使って記録された情報のみで、そういった情報は「体と一緒になくなる」ということです。

ですから、あなたという存在として、**言葉を超える次元の中で、存在として身につけたもののほうが「本当の自分」にはより役に立つ**。思考で「学ぶ」ことと、存在として「身につける」ことの違いを理解することがどれだけ大切であるか。

そういった理解を優先にしたほうがよいというアドバイスは、言われてわかるものではなく、違いを体験して必然的に、「あー、わかった」と腑《ふ》に落ちるようなものでした。

あれから、頭の中に新しいデータを入れることよりも、存在としてどうやって新しい学びを身につけることができるか、つまり、自分という存在の方向を変えることに、より集中しようと決めました。

はせくら　それが目に見える世界にも影響していくわけですね。

◆私たちの周りには「目に見えない存在」がたくさんいます

はせくら　今の話をしていた時期に、宇宙の存在は直接コンタクトを取ってきていたのですか？

ジュリアン　はい。つなげてはいます。

でも、ワンネスを何回も繰り返して体験したおかげで、短い間にたくさん身につけたことがあり、その結果、自分の意識もどんどん変わって、見た目も違う人物になったようです。しばらく会っていない友達に会うと、「別人みたい」とよく言われました。

はせくら　本当に？

ジュリアン　「昔のジュリアンと今のジュリアンでは、ずいぶん違う」とよく言われました。

はせくら　どんなふうに変わったと言われたのですか？

ジュリアン　熟成されたというか……。

はせくら　成熟ですね。素敵です。

ジュリアン　それまで宇宙存在との絆を、意識して体験してきましたが、ワンネスを繰り返し体験した結果、つねにつながっている状態になったのです。それ以降、彼らの存在とあまり切り分けがないようになりました。

「絆なんてなくてもいい、もうすでにつながっているから」と思えたし、より開放的なコミュニケーションの取り方もできるようになりました。

具体的にどういうコミュニケーションになったかというと、例えば、私たちは「一つの意識」として一緒に物事を考え、皆それぞれの経験をそこで分かち合えるというようなコミュニケーションになりました。

個別の存在同士が話をするというのではなく、集合意識の中で話しているようになっています。

例えば、自分が考えて思ったことに対して、突然、コメントをくれるし、質問もされるのです。そうすることによって、自分の意識がより拡大できるようになるのではないかと思います。

はせくら　認識の段階がどんどん変わっていくところが、面白いなと思います。

ジュリアン　はい。とても面白いです。その後、宇宙の存在たちとはまた別の、ちょっとおかしな現象が起きてきました。

守護霊というような存在たちとつながって、「メッセージを伝えたいんですが、この方に伝えていただけますか?」というリクエストを受け取ることが始まったのです。

僕がコンタクトを取ろうとしたのではないのですが、向こうからウチに来たのですね。

はせくら　なるほど。

ジュリアン　僕は、守護霊とか、そういった存在について以前は「存在しているかどうか、わからないな」という程度でした。

ただ、ワンネスを体験して、ワンネスの途中で見えてきたのは、**人々の周りには「目に見えない存在」がいる**ということです。

すぐ近くに寄り添っている時もあって、「その存在たちは、その人のために情報を与えたり、コミュニケーションを取っていたり、そういった役割を担っている存在なんだな」と、ワンネスを体験した時に何回も見たのです。

「もしかすると守護霊みたいな存在なんだろうな」とフッと思ったのです。

◆存在から「友達にメッセージを伝えてください」と頼まれる

ジュリアン　その後で、同級生の友達が、「近頃よく眠れないし、誰かがいるような気がする」という話をいきなりしてきました。

最初は気のせいだろうと思って「ただの夢とか、悪夢じゃない？」と返事をしたら、「でも、この存在は私の名前を呼ぶのよ」と。でも僕は「しばらく様子を見てみたら。ただの夢かストレスでそういったものが見えるのかもしれないし」と言ったのです。

そうしたら、その存在が僕の部屋に来たのです。

それで、その存在から「友達にメッセージを伝えてください」と頼まれるという体験をしました。その後、自分の意識の周波数を変えると、いろいろな存在とコミュニケーションが取れるのだろうと思ったのです。

はせくら　順調に時間をかけて、体験の質が変わり、同時にジュリアン自身の認識の質が何オクターブも変わっていったのですね。

ジュリアン　そうなのです。そんなふうに体験してきたのです。最初は、この現象をどう理解すればいいかもわからず。

ただその時も、自分はどこに向かっているのかというのが疑問でした。

ひたすら体験し続けてきて、宇宙存在とのコミュニケーションが頻繁になってきたことにより、自分の人生とそうした現象とのバランスが必要だと思ったのです。

一日は24時間しかないので、どれだけのことができるかということも考えました。

もちろん守護霊などのメッセージを運ぶ役割はできるのですけれど、ただ……。

はせくら　3次元的な時間の制約もあるし。

ジュリアン　そうなのです。使命としてやるのかというのは、また別の話ですし。

はせくら　自ら繰り返し起こしたワンネス体験、その後、守護している存在との交流とか、またそれを伝えていくという体験。そして目に見える世界と目に見えない世界の狭間の中でいかに調和させていくか。日本で言えば、グラウンディングですね。

Column

波動と日本人

はせくらみゆき

「すべては波動に帰する」

この言葉は、期せずして始まった、宇宙存在たちから教わった「宇宙授業」の中の、第一項第一節で伝えられた言葉です。

教わるといっても波動言語（テレパシー）によるコミュニケーションなので、3次元的には、私が夜な夜な勝手に、時折物思いにふけったかと思うと、ものすごい勢いで文字を書き綴っているようにしか見えなかったとは思いますが。

そんな風変わりな授業の内容は多岐にわたりましたが、その中でも、とりわけ時間を割いて学ぶことになったのが、意識科学の分野であり、その中核をなす概念が「波動」であるとのことでした。

Column 3

波動と日本人

今から30年前のことですが、当時の私にとっては、「波動？　なんだか胡散臭《うさん》いなぁ」といった認識しかなく、実のところ、疑念たっぷりの負の感情から始まった学びでしたが、彼らが伝える「あらゆる事象や物体は、波動（波動性・波）が一時的に凝固化・粒子化した姿と捉える、あなたの認識の仮相（仮の姿）である。その実体は波そのものであり、周波数である」と明言された時の衝撃は、今でも忘れることができません。

この世的には、その後、数度にわたる「波動ブーム」のようなものが起こりましたが、いずれも限定的なものでしかなく、かつ、詭弁《きべん》的なものも含まれていたため、波動自体は、トンデモ科学の一環として捉えられることも多かったのではないかと思います。

その結果、今なお「波動」というと少し警戒した表情になる方もいるのだと思います。

とはいえ、日本人は実のところ、昔から「波動」という言葉を使わずに「波動」の持つ性質をよく感じ取って、親しんできた民族だってご存じでしたか？

それは「気」です。

この気という字を含む熟語を、私たちは容易に想起することができます。

一例をあげるなら、気持ち、気配、気色、気質、気性、あるいは、呑気、陽気、強気、元気、活気、雰囲気……など。また慣用句でも、気が合う、気のよい、気が重い、気が晴れる、気を回す、気が向く……など、どんどん思い浮かぶと思います。

この「気」という概念こそが、波動であり、物象間の間（内側と間）を流れるエネルギーの質や様態を示す言葉であったということです。

というわけで気＝波動・エネルギーといった概念を取り込んだうえで、前述の慣用句を再び眺めてみてください。

例えば「気が合う」は、自己と他者の間を流れるエネルギーや波長が合っている（親和性がある）んだなとか、いい気（エネルギー・波）を発しているからこそ、「気のよい○○」と言っていたんだな、ということが見えてきます。……って、そのまま波動の性質を語っていません!?　という感じですが（笑）。

ところで、この原稿を書きながら、久々に懐かしい慣用句を思い出しました。

それは学校の授業開始の時や整列時よく聞かされた号令の言葉。そう、「気をつけー」で直立不動になる動作です（今もあるのかな？）。

この「気をつけ」は、まさしくエネルギーである気をキュッと身にまとい（つけて）、動く波の状態を動かない粒の状態に変えて、留め置きなさいという意味だったのかなとも思いましたよ。

実は、「気」と関係する概念で、日本人に馴染みが深い言葉があるのです。

それが、「景色」です。

景色の字は、もともと「気色」が当てられており、平安時代までは、人の心の動きや自然の様子を表す言葉として使われていました。それが鎌倉時代になると、人の機嫌や顔色、意向などを表す時には、気色を〝きそく・きしょく〟の音韻を使い、一方、自然界の風景を表すものを〝けしき〟と呼んで区別されるようになったのです。

やがて江戸時代になると、風景を表す「けしき」には、「景色」の漢字が当てられ、現在へと至ります。

私たちは空気を読むのが得意な国民です。もっとも読みすぎて、自分を押し殺してまで、相手に合わせてしまい、辛くなることもありますが。「気色（きしょく・けしき）」の微妙な変化に、敏感な国民性ならではかもしれませんね。

もうひとつ、景色に関するエピソードですが、日本人が無意識に持っている感性（美意識）として、世界を「場で認識する」という特徴もあるようです。たとえば、源氏物語の絵巻物や浮世絵なども、遠景から全体を見渡しているものが多いですよね。

また、日本を代表する花である桜を見る時は情景全体の中に存在する桜をイメージします。一方、西洋的なモチーフである薔薇を見る時は、どちらかというと対象物そのものに注目が集まり、それ以外の場所は「背景」として処理される傾向があるようです。

この捉え方も「場」という空間・景色（気色）に意識を向ける、我が国特有の感性だと思うのですね。

ついでにもうひとつ。場を感じる感性は、言葉の中にも表れていて、たとえば英語であればWhat do you think?（あなたはどう思いますか？）を、ストレートに問いかけますが、日本語の会話だったら「あなたのほうはどう思われます？」のように、問いかける対象をあなたそのものから、「ほう」という場の概念を加え入れることによって、柔

波動と日本人

らかく曖昧にしているのです（文法的には正しい表現ではありませんが）。
まさしく場の空気を読みながら語り、過ごす日本人は、「気色」の達人――波動を読むことに長《た》けている人々であると言えるでしょう。

本書でのジュリアンとの対談を通して、フランス語の中では、一般的に、波動（バイブレーション）というと、機械的な振動音のことをさし、なかなか適切な語彙《ごい》が見つからないということを始めて知りました。

一方、日本語の中では、「気」を始め、○○感といった感のつく語彙など、質感やエネルギーの状態（高低・密度・活性化度など）を表現する言葉が、驚くほど存在しています。

言葉があるということは、そもそもそこに概念が存在しているということであり、かつその概念が使用されているということでもあります。

その意味でも、私たちは自虐的な卑屈さに惑わされることなく、健全なる自信と誇りをもって、「波動」と向かい合い、長い時間をかけて受け継がれてきた、「気」を尊ぶ文化を検証していけばよいのではないかと思います。

おそらくは、この星の人々の進化と成長を見守り、応援している宇宙の仲間たちも、そんな日本人と日本語を話す人々のポテンシャルに期待度を高めているのではないでしょうか。

「すべては波動に帰する」。このことが実相世界の真理であるとするならば、今一度、目に見えるあらゆるすべてを、ひとたび波動性に置き換えて感じ取り、それらから知覚される波の質感が心地よく、美しいと感じるものを選び取り、そうでないものは徐々に遠ざけていくこと。

あるいは、どうしても逃げられないものやことであれば、良き状態へと向かうよう、精進していくこと。その見方をしたうえで、再び、物質界を見渡してみた時、よりクリアーな視界が広がっていることでしょう。

人生は美しい旅です。時空が織りなす波間に揺られながら、意図と意識という羅針盤を頼りに、朗々と航海していきましょうね。

Chapter 3

違う次元にアクセスができる

◆周波数によってアクセスできる情報が異なります

ジュリアン　ワンネスを初めて体験し、繰り返しそれを体験した結果、「じゃ、その後どうすればいいんだろう」という疑問が膨らんできました。

日常生活とはかけ離れた次元での体験ですので、これをどうやって日常生活に活かせばいいかというのは、ものすごく疑問だったのです。

はせくら　もう後ろには戻れない、先に進むしかない、崖っぷちに立たされてきたという状況が何度も起こっていますね。

ジュリアン　その通りです。先に進むしかないのですが、ただ、日常生活そのものも忘れるわけにはいかないので、「ワンネスの次元」と「日常生活の次元」を結びつける方法があるのではないかと考えたのです。

ただ、そう簡単に答えは出ないですし、「あ、これだ！」とピンとくるものもなく……。

宇宙存在とのコミュニケーションや関係の中では、彼らは物事を説明するというのではなく、いろいろなかたちで私たちに体験させて、体験の意味や解釈は各自に委《ゆだ》ねるというような教え方をしているのだと思います。

はせくら ある意味、実践重視というか、答えを教えない。体験の中で自分が解釈していくという、あくまでも主権をジュリアンに委ねるという、非常にポライトリィな（礼儀正しい）存在かもしれないですね？

ジュリアン そうですね。ポライトリィ（礼儀正しい）かどうかは、ちょっとわかりませんけど、僕の質問に対しては一切答えないし、「あなた自身がもう自分で解釈しなさい」というやり方です。

はせくら 解釈についてですが、私もほぼ一緒だったのです。私自身が言われていたのは、「**その周波数ごとに真実があります**」と。

ジュリアン そうですね。

はせくら 「解釈ごとに真実がある」とは、何かひとつあるわけではなくて、それぞれの次元と周波数と密度によって異なっていくので、「それを体験、体感しながらひとつひとつ練り上げて、精度を上げていってください」とわかりました。

ジュリアン　周波数によってアクセスできる情報が異なってくるので、何を解釈すればいいか、どういうふうに理解すればよいかというよりも、「マインドで考える」よりも「**自分の在り方でその情報にアクセス**」したほうがもっと自然というか、そういう捉え方のほうが正しいというか……。

はせくら　よりスムーズにいくということですね。

「マインドで考える」よりも「自分の在り方でアクセスしていく」というのは、どのようなことでしょうか?

ジュリアン　まずワンネスそのものはどういう体験かといいますと、「行く道」のようなものです。何をすればワンネスを体験できるかということではありません。

あなたはマインド（思考）ではなく、この体を超える存在であり、この存在の在り方によって違う次元にアクセスができる、というのがひとつの大切なポイントだと思います。

はせくら　私も本当にそう思います。この存在の在り方、単純化して言葉にすると、ドゥーイング（Doing）ではなく、ビーイング（Being）になると思います。

ジュリアン　そうです。

はせくら　存在の在り方とは、**この存在をどの座標軸にすえるかが大切です。**しかも立体の座標軸です。縦横だけではなくて、立体としてどこに位置するかによって、それぞれ見えてくる風景と起こってくる風景が異なってきます。

ジュリアン　その通りです。

◆意識のレッスン――コントロールは可能です

はせくら　存在の在り方というところで、ジュリアンはどんな意識のレッスンというか、練り込みをしてきましたか？

ジュリアン　まずは「自分のマインドはどういうものか」という認識から始まると思います。

マインドと言いますと、例えば、私たち存在としては、この体とこのマインドを通して物質的な次元を体験しているのですが、この体がなくなる時には脳で作り上げたマインドもなくなるので、残るのは「存在」です。
存在の在り方と、マインドが雑音としていろいろとエモーションを起こしているような現象もあるので、それとの区別が大切です。
はせくら　私の中ではすごくシンプルに「**活動する次元が違う**」という捉え方です。マインドから来る感情とか、思考はもうちょっと下かもしれないけれど、いずれにせよ、自我・アイデンティティを元気にさせていく、そのアイテムという位置付けでいます。存在はそれをも支えているちょっと……。
ジュリアン　奥のほう。深いところ。
はせくら　はい。ワンネスが起こりやすい意識の在り方にアクセスする時に、私たちはマインドと、もうちょっと深い意識の区別化、差別化をきちんとしきれないと思います。
ジュリアン　そうですね。マインド（思考）と一番奥にある存在の表現の仕方が違います。マインドのほうは体を通して、体からつくられたものだと私は思いますが、いろいろな言葉を使い、セルフトーク（独り言）のようにとよく話をするのです。

表現の仕方のひとつは、やはりセルフトーク、言葉。らららと発するような雑音は、現実を楽しくするために常に解釈したり、理解しようするマインドですね。

それは決して悪いものではなく、マインドのひとつの役割です。

ただ、どこまで解釈してくれるか、どこまで理解しているかというのは、やはり私たちというより、より深い流れの存在として、……ここまでお願いしますとか、ここまでで十分……とか、そういった対話が必要なのです。

はせくら　対話、ダイアログですね。ということはセルフトークを含むそのマインドと存在の部分とで、ダイアログが必要ということですね？

ジュリアン　そう。対話、ダイアログが必要です。でなければ、やはり区別ができないと思います。つまり、一番深いレベルの意識がマインドを観察し、観察されているマインドが一番深いレベルの意識のためにいろいろ働いてくれるというようなかたちです。

はせくら　非常に重要なポイントだと思います。

ジュリアン　そうなのです。マインドだってもともとそうじゃないでしょうか。

体は、私たちという真の自分のために、この物質的な次元を体験するためだけのツールとは限らないということなのです。

はせくら　私のイメージでは、テレビでたとえると、マインドの部分がリモコンという感じです。

ジュリアン　はい。

はせくら　そのリモコンで、どんなチャンネルも番組も映し出せるわけです。

けれども、リモコンを使えないでいると良質ではない番組ばかりを観てしまうことになります。良質な番組が映し出されるように、リモコンをうまく使うことが大事です。そして「観る」だけではなくて「**コントロールすることができる**」という意識を持たなければ、この世の楽しみ方は減ってしまうと思います。

世間にはいろいろな解釈があるので、一方向だけしか見られないのは、もったいないと思います。

ジュリアン　リモコンとは素晴らしいイメージですね。まさにそんな感じがします。

はせくら　ありがとうございます。私はマインドのことを「自我」とも呼んでいるのですが、自我が大河と呼ばれる深い意識の鞘《さや》であるよう、優秀なコントローラーであるよう躾《しつけ》る、仕向けるという、そうした心の鍛錬、訓練が必要かなと思います。

ジュリアン　そうです。心の鍛錬には、内面的な対話は方法として、すごく役に立っていると思います。

◆マインド――不安や恐怖を加速させる宇宙の本質と異なる声

はせくら　マインドとの対話、ダイアログは、実際にされていますか?

ジュリアン　はい、実はよくやっています。自分と対話すると、マインドがいろいろな期待をしていることがわかって、けっこう面白いです。

将来はどうなるのかと考えて、もしかするとこうなるかもしれないとか不安になったり、または喜んだりと、将来を想像しながら、想像から生み出された感情を体験させているのです。

それを見ている自分は、「あなたはどこまで想像をするの?」と質問を投げかけたり、「今のその想像はちょっとやり過ぎかも。役に立っていると思う?」という質問をして、目的を聞いてみます。

はせくら　マインドのほうに聞く？

ジュリアン　はい。

はせくら　マインドは、どちらかというと不安とか恐怖、心配を加速させていくような、そんな声が大きいような気がするのです。

ジュリアン　そうですね。制限されている声のほうがマインドだと思います。

「制限されている」というのは、**「空間、時間という制限を受けている声」**のことで、宇宙の本質と異なっている声のことです。

はせくら　ひとつの見分け方としては「時間、空間によって制限をされている声」というのがマインドの声だと規定することができるのですね？

ジュリアン　はい。

はせくら　「これはマインドの声なのか、本当の自分の声なのかわからない」という人も多いと思います。

そんな時の見分け方として、内容、質が時間とか空間に制限されているものであればそれはマインド側、という見分け方ができますか？

わかりやすいものもありますが、わかりにくいものもあるのではないでしょうか。

ジュリアン　ものすごく簡単な例をあげると、だいたい、**明日のことを考えて心配するのはマインドです**。

そんな時、どんなふうに明日のことを想像してもぴったりくるイメージを想像できないのならば、そういった想像は役には立たないので、いったんそれをやめることですね。

はせくら　そして存在の「私」を教えてあげる。

ジュリアン　「お願いですから、そういった想像をいったんやめてほしい」というようなやり方、言い方をします。

はせくら　「マインドさん、あなたはちょっとおしゃべりし過ぎです」と。

ジュリアン　はい、その通りです！

はせくら　存在としての深い意識のほうが、マインドの意識にお願いをすることによって、マインドの声は、小さくなったり大人しくなったりするものでしょうか？

ジュリアン　まさにその通りです。

◆マインドの声をおとなしくさせる方法

はせくら　マインドの声が「おとなしくならないのですけど……」という人には、どうしたらいいでしょうか？

ジュリアン　そうならない時は、違う対策として運動を使っています。

はせくら　運動？　エクササイズですか？

ジュリアン　はい。体を動かすと、次第に、マインドを緩めることできるのです。

はせくら　素晴らしいです。運動であれば、しっかりすることまでしなくても、広い意味で、家事に集中するとかでもできそうです。

あと、体を動かさないとできないことに集中する。これも広義に運動と考えてよろしいですか？

ジュリアン　そうです。簡単な方法としては、外を歩いている時に周りに階段があるなら、階段を使い、そこを上って息をちゃんとして、何でも周りの環境を一時的な運動に使っていいのです。

はせくら　おしゃべりなマインドの声が、もう少しおとなしくなってくれるように。

ジュリアン　はい。

はせくら　そういうふうにしてマインドと存在がちゃんと交流し合える、その環境を日々の暮らしの中でつくっておくことによって、ワンネスにいたりやすい意識をつくっていくことになるのですね。

ジュリアン　はい。自分の心の中で本当の自分が、今、ここ、この人生を体験する、楽しめるためのスペースをつくるためです。

はせくら　また素晴らしい言葉が出ました。「**スペースをつくる**」って重要な概念だと思います。

◆本当の自分でいるためのスペースづくり

はせくら　本当の自分でいるためのスペースづくりのひとつとして、マインドと存在の自分が対話するということですが、スペースをつくることによって、どんな果報がもたらされますか？

ジュリアン　スペースがつくられることによって、本当の自分はどういうものであるかということが自然に現れてきます。

それは言葉で現れてくるのではなく、在り方と、その在り方による感覚。感覚というのは本当の自分の次元の表現です。

感覚によって周波数も変わり、違う情報にアクセスできる。先ほどの話にもありましたが、そういうふうに感覚によって違う現実を体験できるということなのです。同じ現象だと、私は考えています。

はせくら　感覚というのは、存在がもたらすものなのですか？

ジュリアン　「**存在の周波数**」だと私は思います。そう理解しています。

はせくら　感覚というのは、真のリアリティの……本当の自分ですか？

そこから出てくるもの？

ジュリアン　はい、そうです。

はせくら　スペースをつくっていく、スペースが大事というお話は、とても面白いですね。

ジュリアン　**スペースをつくることによって、まず「本当の自分」がより出現できると**いうことがひとつです。

その後は、「本当の自分」いえ、この「自分」という言葉は不適切ですね。

本当の「存在」が降りてくることによって、その存在は区別された自分ではなく、他人とつながっているという本質も出てくるわけです。

つまり、ここでは仕方なく「本当の自分」という言葉を使いますけれど、私たちはみんなとつながることで、他人の思いや他人の周波数から流れてくる情報を、そのスペースで体験できるようになるのです。

はせくら　スペースがあることによって、区切られた自分という自我の意識ではなくて、ワンネスというつながりの中の存在としての我を感じますね。

それによって、ボディとしてはつながっていない他人と呼ばれている人の思いや、そうした周波数というのも自分事のように捉えることができる。自分のまた延長された自己の感覚として捉えることができるのですね。

ジュリアン　はい、そうです。これは「以心伝心」と呼んでもいいかもしれません。情報の流れとして、私たちはみんな区別された存在でありながら、そうではない。そうであると同時にそうではないことで、みんなつながっているという「本質の私たち」を体験できる。

はせくら　「本質の私たち」。

ジュリアン　そうでありながら、そうではない、と少しわかりづらい言い方をしました。なぜかと言うと、先ほどもお話ししましたが、ワンネスの体験をした後に、ワンネスのほうと日常生活のほうと「どちらが現実なのか」という疑問を持った時期がありました。

ワンネスも現実に体験したものですけれど、ただ日常生活も今の現実なので、それも否定できない。じゃ両方とも現実にしようと決めました。

そうすると日常生活による現実もあり、ワンネスによる現実もあるわけですが、ワンネスの場合だと、白黒というデュアリティ（二元性、二極性）のある世界ではないのです。

はせくら　ノンデュアリティみたいな?

ジュリアン　それでありながら、そうではないということになっているのです。

少しわかりづらいかもしれませんが、そういう表現をしてみました。

はせくら　ジュリアンのお話を伺いながら、まるで量子の世界の話を聞いているようだなと思っていました。

今のコンピューターでは0か1ですが、この量子の世界というのは0か1かというのもあるし、0でもあり、1でもあるし、あとは0でもない、1でもないという……その「どっちやねん?」というのも含んで、量子の世界です。

私たちの体も細分化していけば量子的な存在なので、そう考えると、この本質である、どちらでもあるということが、より本当の自然なる命の流れのような気がしてきました。

ジュリアン　まさにその通りです。

◆心のつながりが強くなるコミュニケーション

はせくら　ワンネス体験の中で、現実という日常生活をうまく乗り越えながら生きていく時のバイブレーションの調え方について、伺います。

ジュリアン　バイブレーションの調え方？

はせくら　カオスになったものを調和させて、アジャストさせていくとか。いろいろな状況ですね。

例えば人との軋轢《あつれき》であったり、自分が受け入れ難いような状況に遭遇した時に、それをどう見極めながら、自分のバイブレーションを整えていくかとか。日常生活に役立つような、そんなヒントというか。

上げる、下げる、整える等々……ジュリアンさんがされていること、気づいたことをシェアしていただけたら嬉しいです。

ジュリアン　なかなか面白い質問ですね。人間関係に関する質問だと思いますが、私はまず他人のニーズを理解しようとしています。
それによってコミュニケーションをどうにか整えようとします。
つまり、ほとんどの場合、しゃべる側よりも聞き手になるのです。そして最初に相手に会う時には、喜びをきちんと伝えるのがkey（鍵）だと思います。

はせくら　会えて嬉しいとか？

ジュリアン　そうです、はい。言葉でもいいですし、笑顔だけでもいいです。ただ、きちんと伝えたほうが、より好感が上がると思います。

はせくら　そうですね。ムスッとしているよりも、もうそれだけで受け入れられているというか、受容されていると思いますものね。

ジュリアン　はい。そしてできる限り、その人の名前を使うこと。そのほうがよりつながりが深まる効果があると思います。

はせくら　古代の日本では、「名を聴く」ことが求婚のサインだったこともあり、名前はとても大切にされていました。
江戸時代においても、いわゆる本名、自分の本当の名前で呼ばれる時は、何か悪いことをした時か、呼び出しを受けた時だけだったようです。

通常は通称名を使っていて、たとえば久兵衛さんとか、福助さんといった具合です。本名というのは、本当にそれこそ呼び出された時か、自分の親が言う時ぐらいしか使わなかったそうで、そのぐらい名前は重要なものだったそうです。

ジュリアン　なるほど。

はせくら　その大事な名前をちゃんと相手にコミュニケーションで使うことによって、そのほうがリスペクトされている、そして受け入れられている、自然と受容されていることになりますね。

ジュリアン　はい。心と心のコネクションがより強くなる効果があると思います。

◆他人との周波数を合わせる

はせくら　ジュリアンは普段はそうやって、何か相手のニーズを捉えようとする時に聞き手に回るのですね。

ジュリアン　相手のニーズがしっかり理解されたかどうかを確認します。

「今、おっしゃったのはこれですか?」という質問をするのです。

そうすることによって、「はい、そうです」「いや、ちょっと違います」というやりとりになって、それに対してどうすればいいかを考え、次はできるだけ、「じゃあ、例えば……」といった質問をします。

この質問を通して、それが相手の見方にはないかどうかも含めて、より大きな見方にするためのヒントも含めて質問をするようなやり方です。

できるだけお互いの見方を合わせ、より大きな見方にしようとしています。

はせくら　それぞれの考え方、見方がありますので、そうした違いをそれぞれの中で明確化して、それぞれを尊重しながらより合わさった時に、より良いものがつくられていくということですね。

ジュリアン　はい。そうすることで、周波数が合うことになります。
他人との周波数を合わせて、合わせた時点で、今度どこに行くかということを二人で決めることができるのです。

はせくら　なるほど面白いですね。それぞれの奏でる音（周波数）を調律するという感じでしょうか？

そうして不協和音ではなく、美しい和音にして、「では、この和音をもって、どんな音楽を奏でましょうか」という感じです。

ジュリアン　はい。できる限り、そういうやり方をとろうとしています。

はせくら　それが成立するというのは、お互いそういう意識の方向性を持っている人同士になってしまうと思いますが、こと人間関係においては、自分の正当性を相手に押し付けてみたり、あるいは論破してみたいとか、そういう好戦的な人というのも、ないわけではないと思いますので、そういった大変な感じの時はどうされますか？

ジュリアン　そうですね。「じゃあ、私たちはこれからどうすればいいんだろう？」「どう思いますか？」という質問をしてみます。

一方的に「これやったほうがいいよ」と相手に説明するよりも、お互いに質問し合うことで、意外な想像ができるので、より効果的な考え方になると思います。

はせくら　質問と意見とは違いますものね。質問をする、相手もする、自分もする、ということによってですね。

ジュリアン　そうです。

はせくら　自分の矢をポンと相手に持っていくのではなく、矢は上に放たれたままで、質問をして、いったん相手に委ねてみるというのはすごく効果的ですね。

ジュリアン　そう思います。

◆シナジー――奇跡的な力が現れる時に使う言葉

はせくら　人間関係においてお互いの意識が整って同じになったとします。その後、「どこに行きますか?」という時は、それぞれということなのでしょうか?

ジュリアン　お互いに会話をする時、話は私たちにとって行く道だと思います。『ワンネスの扉』にも「シナジー」という項目に書いたのですが、**シナジーとは、個別の存在を越えるエネルギー、または動き、動き始めるというような、奇跡的な力が現れてくる時に使う言葉です。**

はせくら　日本ではさほど浸透している言葉ではないのですが、シナジーってすごくいい概念です。日本では相乗効果と訳されています。

ジュリアン　そうなのですか？　私はフランス人としてシナジーという言葉を使っているのですが。

宇宙の存在たちに、兄と僕が関わっていた時期に初めてワンネスを体験して、その時に「あ、これだ！」と思ったのがシナジーです。

すべて宇宙の存在たちと体験したことなのですが、三角形になると、なぜかものすごく効果的なシナジーになります。二人よりも三人で話をすることによって、この時のような奇跡的な力が動き始める予兆に、何度も達することができたのです。

相手の名前を呼んで対話をし、質問をしながら同じ周波数が合わさることによって、時には目に見えない存在が訪れるのです。

その訪れによって、私たちは二人ではなく三人になるわけです。

三人になることによって、目に見えない存在が伝えたいことが見えてきたり、聞けたりします。相手が自分と同じ周波数になってくると、相手も同じことができるようになるわけです。そういった体験を何度もしました。
なので、ひとりでチャネリングするというよりも、他人と一緒にチャネリングの意識状態になるようなものではないかと思います。
はせくら　今お話を伺いながらイメージしていた形態があります。
三人がいることによって場の力が増し、何か密度の濃い空間的なものができる。それを頂点とすると、立体のイメージが見えてきました。
ジュリアン　はい。
はせくら　正四面体ができます。これがプラトン立体でいったら、一番基本となる火のエレメントになるのです。この一番小さなエレメントというものは、密度が満ちて、満ちて、満ちて、この宇宙の中に満ちているという、そんな考え方なのですが、実は日本の言霊の世界でも絵としてあるのです。

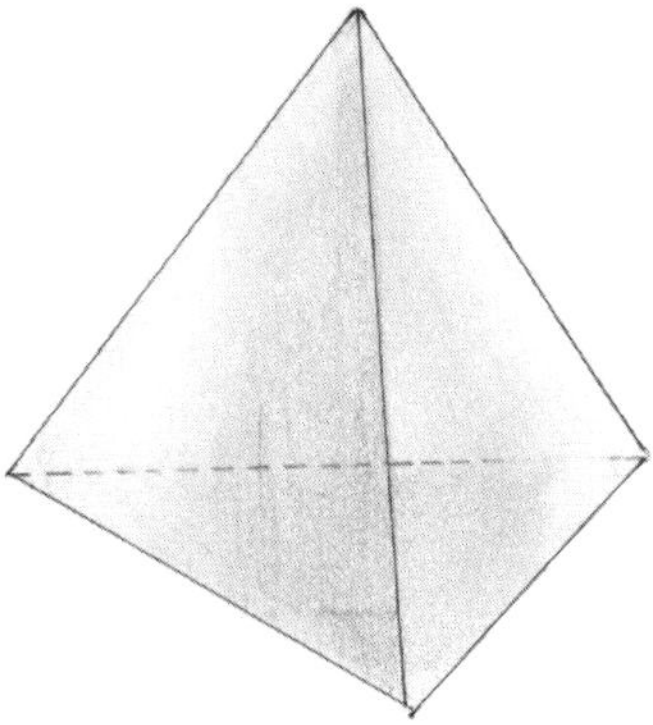

正四面体

ジュリアン　そうなのですか?

はせくら　2ではなく3になることによって、さまざまなものの、精度の高いものが整っていきます。非常にシナジーを生みやすいかたちなのだろうなと思って聞いていました。

◆心と体と魂の三角形

ジュリアン　『ワンネスの扉』で少し紹介したポーランド人のアニアという友達がいます。彼女は守護霊とのコミュニケーションの時は、いつも三人で、いつも三角形というセッティングでのコミュニケーションを行っていたのです。

同じ部屋、同じ場所にいたわけでもなく、彼女がポーランドに戻った時代にも、そういうコミュニケーションが多分にあったわけです。

守護霊と僕とアニア、三角形になってシナジーが生み出されるということもありました。ですから、三角形はものすごく大切なものだなと思っていました。

はせくら　キリスト教の考え方にも、父と子と精霊という三位一体がありますね。三位一体の原型というか、型のようなものがあるということでしょうか？

ジュリアン　そうだと思います。私たちはマインドと体と魂という、三つの部分でできているのではないでしょうか。

はせくら　日本が伝統的に大事にしている考え方に、三種の神器があります。ユダヤでいうとマナの壺、（十戒）石版、アロンの杖というのがありますね。日本では勾玉と剣、鏡があります。

人の体においては、すごくシンプルに言うと、そのまま「心と体と魂」に置き換えられると考えられています。これがシナジーを生む原形かもしれませんね。

ジュリアン　だと思いますね。

はせくら　では、個人の中では、「心と体とマインド」のバランスを整えていくことがシナジーを生む調和のかたちとなり、その結果としてバイブレーションを整えると考えてよろしいのでしょうか。

ジュリアン　そうですね。私たちは存在として三角形、心と体と魂の三つの部分でてきています。そして、ある人とまた別のもう一人の人と三角形のコミュニケーションをすると、シナジーが生み出されるという現象も同じものだと思います。

三角形は宇宙における基本的なかたちで、「力を持っているかたちに違いない」と私は勝手に思い込んでいます。

はせくら　中国の『老子』も「一は二を生み、二は三を生み、三は万物を生む」と説いています。

ジュリアン　そして万物は陰を負いて陽を抱き、沖気《ちゅうき》もって和を為す。

はせくら　紀元前からすでにその言葉があるように、私たちの暮らしの中でも対、直だけではなく、そこに三つという概念を入れることによって、より豊かに本質が溢れ出てくる。そんなふうに心がけていくといいのですね。

ジュリアン　そうです。

◆ポーランド人の友人、アニアの話

ジュリアン　アニアは僕に、「夜に誰かが自分のアパートに上がってくるという体験を何度もしたわ」という話を打ち明けました。

僕は「それは夢？」と聞くと「いいえ夢ではなく起こされるの。名前を呼ばれて……アニア！　アニア！」と。「それはお隣さんじゃないの？」と言うと「そうじゃないわ」と言われました。

一度彼女のところに行った時に、「その存在が現れる場所はどこだと思う？」と彼女に聞かれました。

そこは初めての場所でしたが、なんとなく感覚として「ここだな」とわかって、「ここでしょう」と言った時、「バッチリ、合っています」と言われました。存在の周波数がその場所に刷り込まれたというか、周波数から「ここだ」という感じがしたのです。

はせくら　なるほど。

ジュリアン　その後、アニアと電話で話をしていた時に、彼女は家にいたのですが、「存在の話をあなたと電話ですると、より存在を感じるの。だから、お願いだからその話をしないで」と言われたのです。それで「わかった。もうしない」と。

はせくら　一度フォーカスすると現れやすくなりますものね。

ジュリアン　そうなのです。次にアニアと電話している時に、その存在はアニアのところではなく、僕のアパートに現れたのです。

はせくら　ああ！　出張してきたのですか？

ジュリアン　「あ、アニアの守護霊だ」と思って、アニアに「ちょっと待って。今、誰かが僕のアパートにいるような……存在感がものすごくある……」と言いました。

　それでもアニアは「その話はしないで」「しないでって言ってるでしょう」「あの……でもいるから……」「ダメ！　その話をしちゃ！」「あ……はい、はい」と。

はせくら　「ジュリアンってミディアムなの？」と聞かれことはありますか？

ジュリアン　きっとその守護霊は、「ジュリアンとは話が通じるので、ジュリアンのところに行こう」と来たのかもしれません。でも、アニアは聞きたくないので、いくら話を伝えても拒否されました。

はせくら　何回も来たのですね？

ジュリアン　一度は彼女に「電話の代わりに会いましょう」と言いました。

でも「会っても、その話をしないで」と言うので「しなければならないので、聞いてほしい」と頼んだのです。それでもアニアは「聞きたくないの」の一点張りで、僕は「聞いてください。もう聞くしかないのです」と伝えて電話を切ったとたんに、また存在が現れてきて、「あ、現れた」とお互いに同時に感じたのです。

その後アニアが、「今、この存在に包まれていて、すごく安心感を与えてもらった」と。それで終わりでした。

はせくら　ボディ的には切り離されているアニアさんという存在がいることで、より高次の存在の大きなものを色濃く体験をする契機、きっかけを与えられたのですね。

ジュリアン　はい。その後、まだ話は続くのですが、アニアはポーランドに戻って、しばらくそこで過ごしていました。

ある日、彼女から電話がかかってきて、何かの話をしている時に、「この存在は今アニアのアパートに居る」という感覚がはっきりしました。

なので、「ところでアニア、あなたの守護霊は……」「話をないで！」「わかった」「やっぱり、アニアも感じているんだ」と思いました。

はせくら　アニアはわかっているということですね？

ジュリアン　わかっています。

はせくら　わかっているけど「その話はやめて」と言う。

ジュリアン　そうなのです（笑）。「でもいるよ」「わかってるから」「はい」みたいな。

わかっているなら、それで十分かなと。「でも、きちんとコミュニケーションを取ったほうがいいんじゃないかな。せっかくその守護霊というか存在が、今、あなたのそばにいるのだから。きっかけとか目的があるはず。だから、どんな話なのか、その存在に聞けばいいのでは？」と言ったら、「いや、いや、それは無理」となる。

だったらアニアが存在である守護霊に「それはできない状態です」とちゃんと伝えたほうがいい。「こういうかたちのコミュニケーションを私は今のところはできません。他の方法を探しましょうと伝えたほうがいい」と言いました。

はせくら　それはジュリアンがずっとやってきたことでもありますよね？

「受験があるからちょっとやめて」とか。

ジュリアン　あはは。そうでした！

Chapter 4

ジュリアンの「地球に来る前の記憶」

◆宇宙に届くのは、自分にとって必要なものだけ

はせくら　そもそも宇宙存在は、なぜジュリアンにメッセージを送ってきたのでしょうか。その宇宙存在のメッセージは？　それと自分自身の内なる聖なる存在との関係性について気づいたことを教えていただけますか。

ジュリアン　ドロレス・キャノンはご存じですか？　アメリカ人で、催眠を使い、治療やセラピーをやっていた人なのですが、ときおり催眠をかけられている人が面白い話をすることがあったそうです。

それを記録していったら、どんどんそういった話が出てきて、次第にその人の話ではなく、その人の自我を超えるような宇宙の話や情報ではないかと思い始め、彼女は本を出版したのです。

ドロレス・キャノンの催眠の方法は特別でした。どういう特徴かというと、従来の催眠療法は「あなたはこれから、こういうふうになります」というような指示を出しなが

ら、その人を治療していく誘導催眠ですが、彼女の場合は誘導ではなく、まず深い落ち着いた状態にしてから、そして「本当の自分」が現れるスペースをつくるのです。そうすることで、「本当の自分」が伝えたいことを招いたり、歓迎するのです。

僕も、「一度彼女の催眠療法を受けたほうがいいかな」と思ったのです。なぜかと言うと、宇宙の存在たちとのやり取りの中では、メモリー（記憶）が断片的にしか残らなくて、より大きなイメージが抜け落ちています。「僕と存在たちが、なぜやり取りをしているのか知りたい。でもメモリー（記憶）は断片しか残っていないので、残りのメモリー（記憶）にアクセスしたら、理解できるようになるのでは？」と思ったからです。それで催眠療法を受けたことがありました。

はせくら　アメリカまで行って？

ジュリアン　ドロレス・キャノンの催眠方法を学んだ人をパリで探して見つけたので、そこで受けました。

僕が何を知りたいかというと、前世ではなく、今の人生の断片的に残されたメモリー（記憶）を全部というか、少しでも取り戻したいと思ったからです。

彼女は「取り戻したいのはどういうメモリー（記憶）なのかをリストにしてください。それにフォーカス、集中しますので」とアドバイスをくれたので、前もってリストアップしておきました。

僕は「前世にはまったく興味がないので、何も知りたくありません」ときちんと伝えました。前世のことは前世のことなので、今世は今世で、できるだけ今ここに集中したいという考えでした。

でも結局、催眠を受けた結果、知りたかったメモリー（記憶）は何にも出てきませんでした。逆に、前世のことが出てきたのです。

はせくら　えっ！　より大きなメモリー（記憶）を立ち起こしたくて行ったのに、それは出てこなかったのですね。

ジュリアン　知りたかったメモリー（記憶）は、出てきませんでした。その代わりに前世のことが出てきて、それにも意味があるとわかっているので、もちろん受け入れています。

思考で「これはやりたくない」と思う時に、宇宙には「やりたくない」という意味は届かないと思うのです。「やりたい」「やりたくない」「いつやりたいのか」「どこでやりたいのか」という思考の決める条件は届かないのです。

宇宙に届くのは、自分にとって必要なもの。つまり「前世」しか届かなかったのです。

だから、それしか見せられなかったのかもしれません。

◆宇宙が反映してくれるものとは？

はせくら　宇宙と言いましたが、アカシックレコードのことですか？

ジュリアン　アカシックレコードではなく、「本当の自分」と宇宙はつながっていると私は思います。

「本当の自分」と宇宙の関係として、例えば、宇宙は「本当の自分」の鏡として、「本当の自分」がつねに反映されているというイメージを持っています。

つまり、どんな心の持ち方をも、それに合わせて宇宙は反映してくれるわけです。

はせくら　反射してきますものね。

ジュリアン　はい。その反射の仕方は「本当の自分」の周波数によるものなので、思考が決めた条件を「本当の自分」は聞けないのです。

例えば、「これをしなければならない」と思ったら、「これ」しか残らない。「しなければならない」というのは、思考が決める条件だからです。

残るのは、真中心のアイデアだけ。真ん中しか残らないのです。

はせくら　want（〜したい）の仮定条件は、全部消え去って、その中の本質、エッセンスだけが、ポコッと残ってしまう。

ジュリアン　エッセンスだけ残る、そうなのです。

はせくら　ということは、「ここ行きたくないよ」といったら、「行きたくないよ」ではなくて、「ここ」だけが残ってしまうのですね。

ジュリアン　はい。だから催眠を受けた時は、「前世」しか届かなかったのだと思います。でも前世が出てきたのは、すごくよかったと思います。

今まで疑問に思っていたことが、疑問ではなくなったからです。

◆ジュリアンの前世の記憶――地球に来る前の記憶

ジュリアン　ドロレス・キャノンの催眠療法の一番最後の時に、彼女に「じゃあ、これから〝本当の自分〟から伝えたいこと、イメージであったり、音であったり、何かメッセージであったりを受け取るスペースをつくりましょう」と言われました。

それで、「本当の自分」とのつながりをより自由に反映できるスペースをつくって、「本当の自分」が伝えたいことを聞こうとしました。

すると、ひとつのイメージが出てきたのです。

そのイメージは、自分がいろいろな人々というか、存在たちと一緒に立っていて、私たちは皆、同じ方向を見ていました。

私たちが見ていたのは惑星だったのです。

その惑星は火星みたいに砂漠の状態で、私たちはみんな心が喜びで満ちていました。

なぜかというと、これからスタートする時だったからです。

何をスタートするかというと、**私たちはこれから惑星を耕し始めて、惑星に生命体が生み出されるという創造のプロセスに関わることによって、ものすごい喜びに溢れる感覚でいられたのです。**

はせくら　聞いているだけでドキドキします。

ジュリアン　感動でした。どういう場所にいたかというと、大きな窓だったのか、大きなスクリーンだったのかよくわかりませんが、そこから惑星を見ていました。

つまり、宇宙にいたというわけです。

もしかすると、宇宙船の中だったのかもしれません。

そういう計画に関わっていた自分は、周りの存在たちも人間であるかどうかはよくわかりませんが、ただ存在として、私たちはその計画に関わっていたのです。

それを見た瞬間に、「ああ、なるほど……」と思いました。

子どもの頃からずっと、宇宙の存在たちは仲間というかチームメンバーみたいなもので、「私たちはこれから何かをやる」という感覚がしていました。

宇宙の存在と私ではなく、宇宙の存在は私を含めて私たちチームとして、何かをするというような漠然とした感覚がずっとあったのです。

はせくら それがジュリアンの前世の記憶なのですか？

ジュリアン はい、そう思います。

はせくら ジュリアンが得た「前世の記憶」は、この「地球に来る前の記憶」でもありますね。

ジュリアン はい。

はせくら 宇宙の存在もジュリアンという存在も、ともにチームとして立ち働いていて、砂漠に見えるその場所の土づくりをして耕して、そして彼ら、ジュリアンたちのチームが望む、「素晴らしい世界をつくるのだ」という喜びに溢れていた。感動的なお話です。

◆新しい生命体をつくる

はせくら ジュリアンの宇宙チームは、どんな惑星をつくりたいと願っていたのでしょうか？

ジュリアン　どんなかたちにつくりたいというよりも、意識を運ぶため、存在を運ぶための世界をつくらなければいけないという強い思いです。

はせくら　え？　これから人間をつくるという話ですか？　意識を運ぶ？　存在をつくるということですか？

ジュリアン　「生命体をつくる」ということです。生命体へ発展させるための環境をまずつくって、その後、生命体をつくることによって、どんどんレベルの高い意識を運ぶための媒体をつくる。

はせくら　私の大好きだった科学者によると、生命と生体のミックスを「生命体」と呼ぶらしいのです。

ということは生命が存在するためには、生体という入れ物がないと中に入れない。生命体をつくることによって、入れ物があることで、よりレベルの高いところへ行ける。そんな喜びと希望に燃えて、ジュリアンはそのチームの中にいたのですね？

ジュリアン　はい。

はせくら　もしかしたら、この本を読まれる読者の方も、チームの中のひとりとして、そこに立っていた可能性があるかもしれません。

ジュリアン　そうですね。

はせくら　ジュリアンという、今回、フランス人として生まれているその意識体の個を使って、それより大きな意識が、「ほら、あなたもその中のひとりにいたでしょう？　思い出してごらん？」というような、そうしたきっかけづくりをこの本がしている可能性もあるような気がしています。

ジュリアン　あると思いますね。

はせくら　壮大になってきましたね。

◆宇宙の流れを信頼すること

はせくら　ところで、ジュリアンを含めた、たくさんの意識体が砂漠のような星を見た時、その星はどんな感じの星だったのですか？　色とか、大きさとか。

ジュリアン　大きさはよくわかりませんが、色は黄色でした。砂漠の黄色でした。

はせくら　そこで同じ方向を見た存在たちが喜びに満ちて、「さあ、これから命を運ぶものをつくるぞ」と希望に満ちたのですね。その続きを教えてください。

ジュリアン　たった1枚のイメージを思い出し、それだけなのです。続きはないのです。それを見て、「あ、わかりました」となったし、自分は彼らとどういう関係性を持っているのかを、それだけで理解できました。

はせくら　ジュリアンはそれを見て、何か変わりましたか?

ジュリアン　「これで確認できた」というような感覚になりました。

それから僕と宇宙の存在たちの関係性に対しては、疑問や質問が少なくなりました。

はせくら　かつて私も、英国で活躍するミディアム（見えない存在との交流をする霊媒的役割の存在）に聞いたことがあります。

たまたまご縁があってセッションを受けたのですが「何か聞きたいことはないですか?」と言われたので、「せっかくだから、今生の役割みたいなことを聞いてみたい」と思いました。

「何が出てくるのだろう」とワクワクしてその質問の答えを待っていると、ミディアムと私の脳裏に、同じような一枚の小さく折り畳まれた紙きれのようなものが、フワリと落ちてくるのを感じたのです。あ、この中に答えが書いてあるんだなと思い、私の期待度はマックスに達しました。けれども、私自身が感じた世界では、文字のようなものが見当たらなかったんです。

「え？　なんでだろう」と思っていると、ミディアムが「今、これからこの紙を開きます」と。告げられた答えは……「紙の中は白紙です」。

ジュリアン　え？　白紙？

はせくら　そうなんです。何も書かれていなかった……つまり「何も書かれていないというのが、あなたの質問に対する答えです」と告げられました。

ということは、何を選んでもいいし、何でもできる。すべてあなたが決めていいというのが、私の質問に対する回答だったのです。

その時、私は静かに感動しました。

そもそも、「今生の役割は何か」と考える行為自体がマインドのなせる業で、「それさえも抱かなくていいんだよ」ということに気づき、深い安心に包まれたことを覚えています。

ジュリアン　なるほど。

はせくら　それほどに、この宇宙は人を、マインド部分を含めて信頼してくれているのだなと思った時に、改めて宇宙の流れに対する全託の信頼を感じました。

もう20年も前の話ですが、そんな印象的な出来事がありました。

ジュリアン　素晴らしいです。宇宙からの贈り物ですね。

はせくら　あの時に何かの言葉が書かれていなくて本当に良かったと、今、思います。

その時までは、「どうして？　なぜこんなことが起こるの？　じゃどうしたらいいのかな？」というような、そんな気持ちも心のどこかにあったのですが、その一件があって以来、もう探すのをやめました。

「求める」という気持ちが見事なほどに消えてしまったのです。

ジュリアン　解放されたということですね。

はせくら　本当に解放された気がしました。自由と同時に、自覚と責任みたいなものが生まれたわけです。

「絶対にしなくちゃいけません」という責任ではなくて、「**自分の意思におけるこの宇宙を私は創造します**」という、静かなる、でも、確かなる宣言のようなものでした。

ジュリアン　素晴らしいです。

はせくら　ふふふ。でも、その時の感覚と、ジュリアンの前世の記憶、一緒に星を見ているというその感覚が、なぜか不思議とダブるのです。

それは「希望」という色ですね。

存在そのものが喜びに浸されているような、そんな不思議な感覚。その質を言葉にすると、喜びとか豊かさとかそんな満ち足りたものに浸されている、ニュートラルな感覚です。

◆今世はできるだけ解放されたままでいたい

はせくら　その後、具体的な生命体をつくっていってからの、いろいろな物語の記憶が本当はあるのですが……。

ジュリアン　僕の場合は、前世のことをもっと知りたいわけではありません。なぜかというと、もっと知ることによって、今世がその前世に染められるような可能性があるかもしれない。今世はできるだけ解放されたままで、いろいろトライしてみたいと思っているからです。

はせくら　とても共感します。

ジュリアン　ね？　なので、「わかりました。以上で、ありがとうございます」とドアを閉めました。

はせくら　西洋を含むキリスト教社会では、輪廻転生はないとされていますから、そもそもそうした概念はヨーロッパはじめジュリアンの周りにはないのではないですか？

ジュリアン　そうですね。こういう話を周りでできる機会はあまりないのです。

はせくら　日本人はやっていますよ。

ジュリアン　フランスで輪廻転生に関する話はできないわけではないのですが、一般的に、「あるかどうか、ちょっとわからないね」と当たりさわりのない話で終わってしまうことがほとんどです。

フランス人はどちらかというと、目で見える証《あかし》がないと、ただの想像だけではないかというような判断になってしまうので。

はせくら 私自身は前世というものに興味があるかと言ったら、ないとは言いませんけれども、いろいろなバージョンがあるので、「いちいち気にしていられない」という感じです。

本当にジュリアンと一緒で、そこにフォーカスすることによって、いわゆる目に見えている現象感が、そこに引っ張られて、今、ここにいるものが阻害される要因になるのであれば、きれいさっぱり、「いらない」と考えます。

◆前世や来世は、マインドが想像している命の流れに過ぎない

ジュリアン 時間の流れに関してですが、ワンネスで体験した「時間が存在していない次元」「宇宙の次元」であるというような時間の無について考えると、**今世と前世と次なる人生、来世も、マインドが想像している命の流れに過ぎない**のではないかなと思っ

ています。

前世はどういうことをやっていたかという、過去についての興味はやはりマインドが期待しているもので、果たして「本当の自分」に役に立っている情報なのどうか。そんな考え方を持っています。

はせくら 私自身の考え方として、起こした過去、前世とか、あるいは未来生も含めた、そうした姿というものは、マインドというもののプリズムを感光させて現れた、プリズムの向こう側の世界だと思うのです。

そのワンネスの中の時間のない世界にいると、本当は直線上に並んでいるわけでもなく、同時多発的にかつ多重多層に、ふわっと広がっているものなので、それを整列させると、今のような前世、現生、未来生となってくると思います。

それはあえて並列的に並べた姿であって、本当はそのままランダムにフワッと周波数ごとに、密度の違いやバイブレーションの高低によって、もうすでに広がっているというのが、より真実のように感じています。

ジュリアン そうです。そんなふうにワンネスを体験した時に体感しました。

はせくら　ジュリアンはミラーボールを知っていますか？
　私のイメージはそのミラーボール。中心にいて、自分がフォーカスしたところのそのミラーの表面がパカッとあたって、それが映し出されるみたいな。
ジュリアン　素敵なイメージですね。
はせくら　そこからフォーカスされたとしても、それではないところのバックヤードがここにちゃんとあるということを知りながら生きる、知りながらそこを見るという感覚でしょうか。
ジュリアン　なるほどですね。
はせくら　前世などをフォーカスし過ぎることによる弊害というのかな、それによって今の自分の置かれているバイブレーションや集中力やフォーカスが甘くなってしまうのであれば、必要に応じて見ることはあっても、マインドの欲によって推し進めることはしなくてもいいかなと思います。
ジュリアン　そうだと思います。必要性に応じてですね。
はせくら　だからといって、否定しているわけでは全然ないのです。

◆遺伝子のインプットがあって、人間という生命体ができました

はせくら　話は少し戻りますが、ジュリアンが見た黄色かった惑星、これは地球ですか？

ジュリアン　地球ではなかったです。違う惑星でした。

はせくら　ということは、いろいろな惑星において、そうしたチームとなって、創造、進化の旅に参画するという、そんなことをされていたのですね。

ジュリアン　そのようです。宇宙の中では自然的にある惑星に命が偶然に現れ、そのうちに動物、昆虫、植物が自然を進化させて、人間にまで至ったというような道は、どちらかというと稀なことだとこの記憶から理解したのです。

この記憶に立った自分は、目の前の惑星を見て「これから私たちがこの星を、創造・進化させていきます」という思いや喜びを感じ、「あー素晴らしい」と思いました。

偶然に命がこの惑星に生まれたのかもしれませんが、ほとんどの場合は、このように

チームで生命体をつくっていった結果として、人間という媒体がつくり上げられ、そして意識が運ばれる体ができあがるセッティングのようです。

地球では自然発生的にアフリカから人間が出てきて、そしてヨーロッパに行って、アジアに行って、オーストラリアにまでたどり着いたという説もありますね。

はせくら　類人猿から進化した女性のルーシー説、ですね。

ジュリアン　そういった説があってもいいと思いますが、ただ途中で何か遺伝子のインプットがあって、現在の人間のようになっていったやり方もあったのだろうと思います。

はせくら　そうでないと、ミッシングリンクが生まれません。

私たち人類は、こうした宇宙の存在の関与というものがあって、今、ここにいるという、この生命の秘密をそろそろ受け入れざるを得ない時期ではないかと思います。

◆「前世の自分」は宇宙の周波数と同じでした

はせくら　ジュリアンの記憶は目の前の惑星を見て「そこで途切れている」とおっしゃ

いましたが、その時ジュリアンを含めた彼ら宇宙存在たちの目的は何だったのでしょうか。何をしたかったのでしょうか。

ジュリアン　なぜそれをやったかという答えは、「物質的な次元を通して意識の覚醒ができる環境をつくること」ただそれだけなのです。

その意味は「意識」、「真（マ）の存在」、「本当の自分」という意識体と違う媒体を体験することによって、よりバラエティ豊かな周波数を体験することによって認識を高める。または認識を高めることで愛を目覚めさせる。

チームとしての私たちの役目は、この点につきます。

はせくら　「周波数の度合いが高まって行く＝認識が高まる」。認知科学の世界ではメタ認知と呼ばれているのですが、より抽象度が高い、その事象に対する認識が高まっていくという、そんな感じでしょうか。無味乾燥な言い方かもしれませんが……。

ジュリアン　私たちがやりたい、成し遂げたいというよりも、「宇宙から見た視点」といったほうがわかりやすいでしょうか。

もともとすべては愛でつながっているのですよ。なので、この惑星で生命体をつくることによって、意識がより違う周波数を体験できるようになる場にもなっていき、それは宇宙の立場から見て、とても理想的で、物質的な肉体という媒体を通して「存在」を輝かせるチャンスにもなるのです。こういったことを、宇宙が喜んでくれていると、ワンネスの意識状態に入った時に理解しました。

はせくら　多種多様になり、周波数のバリエーションが膨らみますね。

ジュリアン　はい。バリエーションのおかげで、より認識を高めることができるようになります。

はせくら　**バラエティ豊かな多様性というものが、意識の広がり、高さに大変役立つのが、宇宙の望みでもありますからね。**

ジュリアンという真（マ）、本質の願いであると同時に、創造主とか、宇宙の願いがそうだったからという、そんな捉え方もできますか？　宇宙がもともとコーディネートしているとか。

ジュリアン　前世の自分は、宇宙の周波数と同じような周波数ですので、「なぜ？」という質問をする必要もないような、宇宙との調和ができている存在です。

だからこそ自然に「それをやります」となりました。

くり返しになりますが、新しい惑星を創造していくことは、自分がやりたいというわけではなく、私たちの役目でした。

はせくら　素晴らしいですね。それを日本古来の考え方で言うと、「惟神《かんながら》の道」と言います。

ジュリアン　カンナガラノミチ?

はせくら　「神ながらの道」で、短縮すると「神道」。「神ながら」とは、神のように生きる道ということですが、「天意のままに、天の御心のままに我という心と体をお使くださ い。そのように生きていきたいです。生きていきましょう」というのが、「神ながらの道」です。

ジュリアン　なるほど。

はせくら　私たちの存在の奥深くにあるものというのは、本当にそのまま、愛でつながっているこの宇宙の深淵が、宇宙の神秘が、そのまま我の中にも転写されていて、さらに良きものを生成発展させていこうという多様性と、そこからの周波数を体験して運んで、より上がって行くという、非常につながりと愛に満ちているものが、私たちの存在の本質なのですね。

ジュリアン　その通りですね。

◆マインドを超える生き方を

はせくら　フランスなど西洋では、こうした「つながりの中の自己」という意識はありますか？　自我の確立というよりも、その「つながりの中の自己」として、我を生かすという考え方はありますか？

ジュリアン　いい質問ですね。自然なつながりということですね。

私たち西洋の文化は、「自我」というコンセプトがものすごく強く、特に現代では重視されてます。

なので「自我を一時期でも捨て、『存在という生き方』へと超えていくのはどうですか？」と言われたら、「ハッ！　でも自我を捨てたら、いったい私は何者？」と悩んでしまうかもしれません。そこが問題なのです。

「あなたはマインドではないので、〝自我〟はそんなに大切にしなくていいんですよ」

というメッセージを、特に西洋の方々に、宇宙の存在たちは伝えたいのだと思います。

「あなたはマインドではないのです」

「**マインドの範囲で自分を制限する必要はありません。もっとそれを超える生き方をすればよいのです**」

と言っているのです。

はせくら　自我とは、たとえるならば、小さな口のついた、大きな壺についている、蓋《ふた》のようなものです。この蓋部分だけで生きるのではなくて、自分は大きな壺でもあると知ること。

そうして壺の中身も活用しながら、蓋の役割も尊ぶ——そう捉えると喪失感も消えていくように思うのですが……。

ジュリアン　ただ、そうなるためには、「言葉」というよりも「体験」のほうが効果があると私は思います。ですので、先ほどもお話ししましたが、今、コミュニティガーデンをやっています。

はせくら　まあ、素敵。どんなことをされていますか？

ジュリアン　今はほうれん草、にんにくなどを育てているのですが、これから先は春の野菜、夏の野菜をつくり始めます。

「コミュニティガーデン」とは、自我を超える存在が「コミュニティ」で、「ガーデン」というのは自然のことです。

自然と触れ合いながら、「自分はこの自分だけではなく、大切な植物、私たちだ」という体験ができる場になっています。ですから少しでも宇宙の生き方により近い体験ができるのではないかなと思います。

はせくら　人間においても、「私かあなたか」から「私もあなたも」という境界線の薄いところに行くでしょうし、また人間と土、植物といった自己に対しての他者、自然とのつながりも強化されることによって、自我の境界線も薄くなっていきますね。

ジュリアン　その通りです。人によりますし、それぞれの性格もありますが、土とふれ合うことで自然とのつながりができていくと思います。

ジュリアン氏

パリにあるコミュニティガーデン

はせくら　逆に「ちょっと残念だな」と感じることはありますか？
ジュリアン　残念だと思うほどの人は、今のところはいません、ありがたいことに。ただ、「もうちょっとチャレンジしてくれたら」という人はいらっしゃいます。でも、そのおかげで、僕自身もいろいろな気づきがあるのだと思います。

◆ガイア（地球）は私たちを許してくれる、壮大な寛容を持った存在です

はせくら　植物や土と向き合っていて、地球さんとお話ししたことはありますか？
ジュリアン　ガイア（地球）と話をしたというよりも、「ガイアの叫び」というか、周波数を音として、または感覚、ビジョンとして体験したことがあります。
先述の通り『ワンネスの扉』のひとつの項目に少し書いています。
ガイアそのものも私たちを運んでくれることによって、存在としてのいろいろな学びがあり、さまざまな体験にもつながっています。

もちろん、自然や生命体の地球の様子を見ていると、ちょっと寂しいことは確かです。ただその寂しさというのは、物事の大切さがわかるからこそ、感じられる寂しさなんじゃないかなと思います。

そういった気づきが大切です。

今の時期はやっぱり大切な時期なのだなと改めて思います。

はせくら　ガイアはどんなことを、私たち人間という生命種に対して願っていると思いますか？

ジュリアン　願っているというよりも、ガイアのほうは「ありのままのでよい」という寛容な存在なのです。どんなに大変、悲嘆（悲惨）でもガイアは、何も文句を言わずにいます。

はせくら　そのことを思うだけでも、ありがたさに泣けてきますね。

ジュリアン　そうなのです。だから**ガイアに対して、感謝、ありがたさを送る気持ちは、ものすごく力を持った周波数になります**。

はせくら　感謝や「ありがとう」という思いは、「では言いましょう」というものではなく、本当に内から溢れてくるもの、外からの刺激によって言わせられるものではなくて、内側から言わざるを得ないぐらいの気持ちが溢れてくるものが、ガイアにスーッと届く。そんな気がします。

ジュリアン　まさにその通りです。本当に「ありがたさ」がもっとも大切だと思います。

はせくら　ガイアはコミュニティガーデンに対しても、「こうしなさい、ああしなさい」ではなくて、「私、提供しますから、いっぱい遊んでください」と言うような気がします。この星の中で、たくさん笑ったり、土に触れたりしてほしい。

もし自分がガイアというお母さんだったら、いっぱい、いっぱいそこで遊ばせたいなと思います。

だから、ガイアが怒っているとか、すごく悲しんでいるなどということは、個人的にはピンときません。そこまでガイアは人間的ではないし、もっともっと大きな、そして多重多層な広がりと深さのある存在ではないかと感じます。

ジュリアン　私たちを許してくれる、壮大な寛容を持った存在だと思います。

◆選択の力

はせくら　いよいよワンネスの意識と、現象界の意識と擦り合わせながら生きていく時代になりました。このような対談が実現したことも含めて、それをやっていく時がいよいよ満ちてきたと感じます。

ワンネスの意識を持ちながら、この世界を喜びとともに生きる上でのアドバイスはありますか?

ジュリアン　ひとつありますが、なかなかチャレンジングなことです。これをすればよいというよりも、**「あーこれだ!」という選択の力。選択です**。

この人生を精一杯楽しむ方法としては、「いちいち考えて選択し」、その選択を胸に感じて、「自分はそちらに進みます」という思いで、一歩ずつ歩んでいくといいのではないでしょうか。

それが、この短い人生を活かせる方法、楽しめるよい方法だと思います。

しかもそれが一番、本当の自分、奥深いレベルにある自分を喜ばせる方法だと思います。

せっかくこの体を通してこの人生を体験しているのだから、いろいろトライしてみたいですね。そのためにも、選択が増える生き方のほうがいいのではないかと思います。

はせくら　今伺ってドキッとした嬉しい言葉が「いちいち考える」とおっしゃったこと。

「いちいち考える」というのは、とても面白いですね。

いちいちと言うのは＝1　1、one one、その中の一番の選択肢、**自分にとっての最適解が何なのか**、ということをひとつひとつ、一回一回、その都度考えていく。

「いちいち考えていく」というのはすごく面白い捉え方だし、何かあった時に、**私にとっては「ここを一番にします」**とイメージしやすいので、すごく面白いと思いました。

ジュリアン　ありがとうございます。

はせくら　選択というものに対して意図的に意識的に生きることによって、ワンネスの次元と、そして、この3次元世界とより調和を取れるようになります。

サーフィンであれば常に波の動き、風の動きを見ながら、足や傾きなど、止まっていない、常に動いている動的な中でのバランスを取り続けないと楽しめません。

この動的な世界の中で、常にその均衡を求めていくのは、お釈迦様でいうなら、常に生生流転、**変化している中での調和が取れたところを選択し続けることです**。

この見方はとても新鮮ですし、大事なことだと思いました。

ジュリアン　はい、とても大事だと思います。

はせくら　いわゆる「悟り」を得た人は、静的で静止している世界に住んでいるのではないかという、誤解が生まれてしまいます。

でも、決してそうではなくて、非常に動的な中で常に常に均衡を取り続けている。

その様態そのものが、この人生の豊かさと広がりであって、このワンネスの世界にいながらにしてこの世界を楽しむ。この世界の中にいながらにして、ワンネスを楽しむというところのひとつの大きなコツと言うか、その意識の在り方だと思います。

ジュリアン　おっしゃった通りだと思います。

Chapter 5

これからは
波動の次元です

◆感情を観察してみてください

はせくら　読者の皆さんも、時に「自分の感情がコントロールできなくて大変」となることがあると思うのですが、ジュリアンさんから何かアドバイスはありますか?

ジュリアン　「感情で胸がいっぱいで、どうすればいいんだろう?」となる前に、まず「**感情を観察すること**」です。つねに、それを観察しつつ、不満足とか、期待とか、ちょっと違うなどと、自分に話しかけてみるのです。

「自分は何を期待していたのだろう」と、自分の感情の源にたどり着くための観察をするのです。

源にたどり着いたら、「あ、この考え方はちょっと違っているな」という気づきにまでなって、「じゃそれを変えよう」、二度とそういう反応にならないよう、今度は注意しようと思うわけです。

それをつねにすることによって、自分を改善できたらいいなというマインドセットになりますよね。

時には「しまった。今ものすごく大きな感情におそわれている……」となることがあります。そこでは「自分は、その感情ではない」と繰り返し、自分にそのことをリピートするわけです。

はせくら　それはその感情を「選択しない」ということですか？　それとも認めた上で観察している？

ジュリアン　もうすでに感情は存在しているので、選択しないかどうかよりも、すでに存在しているその感情を認めることですね。それで自分はこの感情ではないということに気がつくのです。

なぜなら、この感情を観察しているのは、自分ですから。

観察を通して、**感情と自分の間に距離を置くこと**ができます。

この距離を保つことはとても大事なことです。

そうするためには、ひたすら感情を観察しようとすることです。

観察することによって、例えば、感情は「すかっと喧嘩しよう」と思っても、この感情は自分の体の中でどうやって表現されるのかをひたすら観察し、かつ「自分は喧嘩をしたくない」と自分にリピートすることで、感情をおさめることができるのですね。

そして怒ってしまったら、結果としてよい結果は出ないとわかっているので、その場で「怒ることはしない」と声で出せば、相手の理解も得られるし、自分も落ち着くことができるのですね。

感情があっても、それを認識してから、感情と距離を置くこと。

「過剰な気持ち」や、「過剰な感情」と、特に距離を置くといいですね。

◆光・魂の存在から見ると、すべて大丈夫！

はせくら　感情とワンネスの橋渡しみたいなところを教えてください。

ジュリアン　ワンネスを初めて体験した時、愛の力、パワフルな深い愛を体験し、それ以上の愛を体験することなどできないと思うほどでした。

日常生活で体験している感情は、面白いことは面白いのですが、ただ、「ワンネス体験の愛のほうが、すべてだな」と思いました。

はせくら　確かにそうですよね。ではそこに至るには、自分を観察したり、冷静に分析して「私には過剰なる感情はもう要りません」と言ったらよいのでしょうか?

ジュリアン　それはあえていうと「選択」と言えるでしょう。

例えば、緊張する時もたまにあるのですが、「あ、緊張してる」と思っても、「やばい」とは思いません。

なぜかというと、緊張とは、これからどうなるかが想像できないので、「どう対応すればいいかわからない」とパニックになってしまうことから生まれます。

だから、緊張を覚えている自分は、よりエネルギーを散らしている状態です。

「この使われているエネルギーのレベルを下げる（落ち着かせる）ためには、どうしたらいいのか」、緊張をどうやって処理すればいいのかというと、見方、考え方を変えないといけません。

「どう対応すればいいか」というすべての場面に対して万能に対応できるアプローチはないので、せめて今の場面は「学びのある豊かな体験なのだ」という見方をすれば、緊張というよりも、楽しみや喜びまで感じられるよう、心の持ち方を取り替えられるのです。

はせくら　なるほど。緊張の意図が「楽しみの意図」に変わるのですね。

見方のベクトルの違い、次元の違い、方向性の違いというものが、あらわれる時空に変わってくる。その最たるものがワンネスという、圧倒的な海の中にいる感覚へと至るひとつの通行手形みたいなものでしょうか？

ジュリアン　**ワンネスというのは、「圧倒的な愛を体験しながら、宇宙は完璧だと体験していること」です。**

何があっても完璧である様《さま》ということなので、物事に対する期待は役には立たないし、物事に対する緊張もむなしい。

だからワンネスの立場から日常生活に戻ると、そういった緊張感や不満足といった、根拠のないものに対して、「この感情は違う」と私が思うのです。

この感情を覚えているのは、マインド（思考）の仕組みのどこかが違っているから、それを体験しているのです。

なので、マインド（思考）を観察しながら感情の源にまでたどりついて、「どこが違っているのか？」と観察し、「ここがそれだ」「何々や何々を期待していたので……」「その期待はなぜ？」「それはこういう考え方をしているから」「じゃその考え方を変えましょう」と。

考え方を変えることで見方も変わるので、緊張やストレスになる事情が、「学びが増えていく機会」と見えるようになるのです。そうすることで学びが増えると思います。

はせくら　緊張とかストレスは、本来の領域をぐっと狭めてしまいますね。

美味しいフルコースを食べるのに、「前菜だけでいいでしょ？」と言われているようなものなので（笑）。本当は「いや、もっと楽しみたいのです」。

ジュリアン　そうですね。そういった気持ちを抱くのは、緊張とか不満、マインドだと私はいつも思っています。

だって、今ここ、この人生を「大丈夫」にしているのは、もっと深いレベル、人生を味わっているこの存在、光の存在……魂の存在から見ると、すべて大丈夫ですから。

◆本当の声の聞き方

はせくら　「内側の自分の声を大事にする」時に、どの声が本当の自分で、どの声がハイヤーセルフの自分とか、より本質に近い自分なのか？

それから、「どの声がただ心がおしゃべりしているだけなのか、マインドなのかの違いがわからない」という質問がよく来ます。

ジュリアン　初めのほうでもお話ししましたが、**「マインドの声」つまり、思考は「時間と空間で制約されている声」**になっています。

これも繰り返しになりますが、日常生活のあれこれ、「これからどうなるのか？」「昨日終わったことが、どうしても気になる」などは、時間と空間で決められていく状況、考え方です。

そういった話をするのはマインドで、もちろんそれは日常生活の中では役に立っているのですが、時には偏った考え方のせいで、今度は緊張、不満、期待はずれというような気持ちが生まれますね。

それと違って、今この人生を味わう、言葉を超える次元で人生を味わう「本当の自分」は、喜び、感謝の気持ちで表現している、つまり言葉ではなく、ポジティブな気持ち、心の持ち方で発言している存在だと体験しました。

心の持ち方で表現しているのは**「本当の自分」という肉体を超える存在であり、今世を超える見方ができる存在でもあります。**

「本当の自分」の次元では、「愛」「感謝」「寛容」という気持ちは何よりも大切であり、それらを感じる時に、あなたは「本当の自分」とつながっていると思ってもいいです。

今世をより「本当の自分」として生きるためには、やっぱり、こういった気持ちを体験することが必要ですね。

宇宙の存在たちは、言葉ではなく波動、心の持ち方、つまり「本当の自分」という存在の周波数で自然的にコミュニケーションを取っているのです。

残念ながら私たちがそこに至るまでには、「思考との戦い」が長く続くと思いますが、彼らと触れ合うことによって、少しずつ学ぶことができると思います。

宇宙の存在たちは、言葉を越えるそうしたコミュニケーションを取っています。

初めて「宇宙の存在たち」と会った瞬間に、そういった波動の働き方によって、「自分はマインドの自分ではなく、もっともっと深いレベルの自分なのだ」と初めて気がついたのです。

それは彼らによって得られた、一番大きな気づきかもしれません。

◆「感」の語源、「感謝」の本来の意味について

はせくら　先日、「感じる」とか「感謝」の「感」、「感動」の「感」の語源について調べたら、驚くことがわかりました。

「感じる」の感という字のもともとは、神様にお祈りして、その祈りが届いた、届くということが「感」なのだそうです。

ジュリアン　なるほどですね。

はせくら　神様に願いが聞き入れられたことが「感」なので、神とつながっていく、そ

して神とつながって、受け答えたリプライ（Reply）が「感」ということ。

なので、「この『感』のソースにあるものは、神様の受け取った思いというか神の発言。神の顕《あらわ》れ、アピールしてくることでもあるのだ」と思った時に、「だから私たちは感じるという、この孤高の作業を人として与えられていたのだ」と思ったのです。

ジュリアン　面白いですね。「感」という字は、神様とのつながりから来ている。

はせくら　そうです。神様と人間は、もともとつながっていましたから、特に、「感」と呼ばれている、**神様の発動、思いというのが動いた時は「感動」となるのですね。**

そして、そうした神様の思いによって、矢が、緊張の矢がパーンと放たれて、矢の本体のところの緊張がゆるみますよね。

この緊張がほわっとゆるんでいく、この神様の恩寵によって、ギフトによってゆるんでいく……このことを「感謝」と呼ぶということがわかったのです。

ジュリアン　なるほど、深いですね。

はせくら　そう思ったら、人生を生きるということは、たくさんの感動や感謝や、この「感」のつくことをたくさんするということは、そのまま「この肉体を持って、命を楽しみたい」とやってきた人間たちを通した「**神様のひとつの表現**」なのだと思ったのです。

だから感情が悪いのでもなく、「感」というものをしっかりと大事にしながら、かといってそこに溺れすぎることもなく、これを面白がって楽しむということなのかなと思いました。

◆これからは波動の次元です

ジュリアン　僕が伝えたいのはシンプルで簡単なことかもしれません。今コロナウイルスのこともあって、周りの物事に動かされ影響されたりしている方々がたくさんいると思います。僕もそのひとりです。

ただ、自分の心の持ち方によって、周りの環境も変形してかたちを変えていくことができます。

宇宙の存在たちからのメッセージですが、いろいろ体験した結果として、「**これから**

は波動の次元。つまり「見える次元」から「見えない次元」までのつながりは、まず自分の心の持ち方による」ということ。

ですから、これからどうすればよいのかということよりも、「どう見ればよいのか、どんなありさまを選択したいのか」という見方が鍵だと思います。

はせくら　私も最近よく感じることがあります。さまざまな方とお話をする中で、よく、「どうしたら、運がよくなりますか？」と聞かれることがあります。

その問いに対して正直に答えようとするならば、「運がよくなって、いいことが起こったら」などと言う前に、「今ここに無事にあること、いることが、もうすでにいいことが起こった結果です」と答えたいのです。

蛇口をひねれば水がでるし、電気をつければ明るくなる。何かしたいと考える前に、**今ここにある無限の豊かさに気づくことこそが開運の秘訣であり、今ここを深く生きることではないか**と思います。

ジュリアン　どこが偉そうだと思いますか？

何だか偉そうだから、言えないのですけれど（笑）。でも本当はそう思っています。

はせくら　今私が伝えたようなことって「道徳的で、当たり前すぎて、面白くない」と捉えられがちなのです。

ジュリアン　なるほど。じゃあ、僕はつまらない人間かもしれません（笑）。ひたすら、今ここにしか興味がないのです。

はせくら　素晴らしいです（笑）。そして、そのパラドックスいいですね。

◆ワンネスへの招待状

はせくら　心の学びをすることによって奇をてらったものや、さらなるものに目が行きがちなのですが、「よりよく生きること、宇宙のリズムに沿って生きることイコール、この大地に根ざして、この瞬間を豊かさの中で生きること」であると感じています。

ジュリアン　おっしゃった通りです！

はせくら　この対談も初の試みで、日本とフランスという文化的、距離的な質感はありつつも、**今この瞬間を十全に生きること、今この瞬間すべてとつながり、ワンネスの意**

識の中で起こっている出来事なのだと捉えながら、今、この時と戯《たわむ》れる、遊ぶ、という
ことにつながっていくのかなと思いました。

ジュリアン　ええ、素敵です。そう思います。自分たちの魂にとって、それ以上に喜ば
しいことはないと思います。

はせくら　私、実は本当にとても幸せだと思いながら日々過ごしています。

正直、夢とか何かしたいとかは思いつかなくて。でも最近、思うことがあって、どん
な夢かというと、我という肉体を持った意識体が、日々、暮らしの中で精一杯喜びの周
波数に包まれて生きることで、百年後の未来が今より素敵なものとなる……そんな触媒
としての働きができたら嬉しいなぁと思うのです。それが夢かもしれません。

ジュリアン　素敵です。『ワンネスの扉』の最後のほうで僕も、「存在として、光として、
周りを少しでも照らすことができたらいいな」と書かせてもらいました。

はせくら　『ワンネスの扉』の最後の部分は圧巻でした。打ち上げ花火が連発で上がっ
ているごとく。

ジュリアン　ありがとうございます。

はせくら　それまでの布石というか流れがあって、何気ない今、ここにあるすべての光と戯れながら「我という光」が生きるということを、それを、「いつか」でもなく「どこか」でもなく、「この瞬間」にできる。そこに気づいた時からもう始まっていると思います。

逆に言うと、**日々の生活の細やかさが、違う次元の宇宙存在や大地や、さまざまな意識とつながる扉になっている**気がします。

ジュリアン　します？（笑）

はせくら　どうですか？

ジュリアン　将来のことをひたすら考えるよりも今、ここを精一杯、心で味わう生き方のほうが、心の中にもスペースが生まれる気がします。

私たちはみんなつながっているということを体験しながら、心から喜びを感じる生き方ができるようになると思います。

ですから、**まずは今、ここ**。

簡単だと思うかもしれませんが、実はそう簡単ではないのですね。

だってマインドは、ひたすら将来のことを考えてしまう傾向があるので、それから解放されて、**今、ここに戻るという心の在り方、持ち方を意識すればワンネス的な生き方が、スタートできるのです。**

はせくら　ひとつのシンプルな帰結としては、今この瞬間をつながりの中で生きようとする意図、生きようとする心持ち、そのものが、そのまま宇宙の中にいてワンネスの中で生きること。そしてその瞬間瞬間の中に、ワンネスへの招待状があると考えていいですか?

ジュリアン　宇宙から見て、それが一番喜ばれる生き方だと思います。

◆これからは宇宙として生きよう

はせくら　そうやって生きることを宇宙が喜んでいるって、なんだか嬉しいです。

新しい惑星を見て、宇宙の存在たちがとても喜んでいたというイメージを、ジュリアンが見ていたと話してくださいましたね。それをすごく思い出すのです。

ジュリアン　それを見た時に、やはり私たちは宇宙と切り離された存在ではないという気づきが生まれて、あれから「宇宙のリズムに沿って生きよう」とするよりも、「**これからは宇宙として生きよう**」という考えになりました。

つまり、自分という概念は社会の中では必要ですが、この「自分」はただの錯覚ですので、それよりもますます本来の自分、つまり「宇宙として生きる」ことがもっとも適切だと思ったのです。

はせくら　とても大切なキーワードを伝えてくださいました。

宇宙のリズムに沿って生きようというのも、ひとつのプロセスとしては必要な在り方ですが、それにある程度慣れた、その先にあるのは、宇宙のリズムに合わせるのではなくて、「宇宙として生きる」こと。つまり、**宇宙を我そのものと感じていく**。

つながりの中で生きると、私が喜ぶことを宇宙は喜ぶ、そして宇宙のさまざまな存在たちも喜ぶというふうに、我そのものを宇宙として、宇宙から見ている目として、この世界を見るという感覚でしょうか？

ジュリアン　その通りです。そんな見方や感覚で、日々を生きようとしています。

そう簡単ではありませんが（笑）。

はせくら　日本とフランスと離れてはいますが、ワンネスを共有している質感があって、距離はあってもそれを広げていくとあっという間に地球を包んでしまいそうな、量子の波が、素粒子の波があって、ワンネスの海に包まれそうな気がしてきました。

ジュリアン　よい表現だと思います（笑）。僕の感覚として、これから会う人や、まだ会ったことがない人、また明日約束があって初めて会う人などもすでにつながりがあって、それを内側で感じるのです。その人の周波数であったり、それを感覚として感じられるのです。

目で見えない次元で私たちはすでに関わっていて、つながっているということですね。

◆「今ここ」は「本当の自分」が選んでいます

ジュリアン　この話をしていたら、ある出来事を思い出しました。

『ワンネスの扉』にも書きましたが、ワンネスを体験した時期のすぐ後に、パリでブラジル人と知り合いになって、「ああ、この人に会ったのは、ちょっと不思議だな」と、最初に思って、何かが心に染みてきたのです。

その人に会ったのには理由があって、その理由というのは、彼もUFOを見たことがあったのです。1回だけでなく、2回もです。しかもUFOを見たのは彼が住んでいるブラジルのアパートのバルコニーから。遠くから見たのではなく、すぐ近くで見たそうです。

そういう話を聞いた僕は「やっぱり、彼も」と思ったので、彼にいろいろ聞いてみたら「UFOの話はしたくないので、もう二度としないでね」と言うのです。

「どうしてですか?」と聞いたら「だって僕は現実的な考え方をしたいから」と。

僕が「でも現実的に見たでしょう?」と言っても「いや、それ以上は話したくない」と言うので、何かおかしいなと思ったのですが。

どうして彼がUFOの話をしたくないかというと、彼にはブラジルで頻繁にUFOとのかかわりを体験している友達がいて、その人は時には2日間も3日間もいなくなり、拉致されたかと思うほどの体験をしたようなのです。

その人は、UFOや宇宙の存在たちとの頻繁な関わりで、この地球での生活や生き方に戻ることが難しくて、精神的な安定性を崩して苦労していたそうなのです。

だからブラジル人の彼もそういう体験をしたくないので、より深いUFOの話もしたくないし、宇宙の存在たちとも関わりたくないと言いました。

それでも、当時、僕の心の中では、「もっと私たちの話をしなさい」と宇宙の存在たちの声が響いていました。彼と話をしてから、あのブラジル人と宇宙の存在のつながりがいかに強かったのかと改めて感じました。

もしかすると、ブラジル人の彼も、「宇宙の存在とともに地球で活動していたのかもしれない」と思いました。今世は地球で、宇宙の存在と関わっているのが彼の一つの使命だろうかと思ったのです。ただ、本人は気がつかないだけか、または、気がつくまでは、まだ意識の準備が整えていないかとも思いました。

宇宙の存在たちと関わるためには、私たちはまず、地球にしっかり根を張る必要があると、改めて思っています。

本来、私たちが体験している「今ここ」は、「本当の自分」が選んだ体験なので、それを大切に味わわなければと思います。

はせくら　本人の自由意志はありますが、世界の随所で、目覚めの嵐が、目覚めのムーブメントが確実に起こっていると思います。

急速に起こっていると思うので、目覚めのプロセスにおいてはさまざまな混乱や困難も生じるものです。

しかし、そこに対してフォーカスしすぎるのではなくて、そこを超えた向こう側を、自分たちは何を意図してどんな世界で存在したいのかというような、**混乱そのものの奥にある大いなる意図**を感じとれば、そこまで不安にならずにすむのではないかと思います。

ジュリアン　そうですね。ものごとはつねに変化する。

ですから、「**心の安定も変化そのものである**」のではないかと思います。

◆Sky is the Limit（可能性は無限大）

はせくら　話は少し戻ってしまうのですが、先ほどの「つまらない生き方」が、今、この瞬間を十全に、今ここにコミットしながらさらさらと流れのままに、この存在をワンネスの海に泳がせてあげると、やっぱり安寧な、安心な時空で創造、クリエイトしていく気がします。

宇宙の存在も見てくださっていると思いますし、私たちはみんなその一員です。

ジュリアン　創造者、クリエイターになるためには、心の持ち方がものすごく大切だと思います。ですから、心の持ち方、ありさまから始まると思います。

よく仕事の世界でも面接する時には、その人が「何ができるか」というよりも、その人の「存在」で判断するのではないかと私は思います。

その人のありさまとは、たとえば安定を保つ人でしたら、どこまでチャレンジしても安定を保つことができるなら、「学びができる人だな」という判断もできると思います。

その人の「心の持ち方」が大切だと思います。

はせくら　何かフランスのことわざみたいなもので、役立つものがありますか？

日本の読者にご紹介いただければ。

ジュリアン　ふっと思ったのは英語のことわざなのですが……。

はせくら　もちろんオッケーです。

ジュリアン　よく私たちは「これはできる、これはできない」という自己制限をしていると思います。ですから、まずそれを崩して、「可能」と「不可能」の区別をやめて、「なんでも可能」という見方をすれば、本当にそうなると僕は思います。

それを表すことわざがあります。**“Sky is the Limit”**。

直訳すると、「空そのものが限界です」。ということは、「**無限大に可能性が広がる**」という意味で、このことわざが好きなのです。

はせくら　逆に言うと、日本では空（そら）は空「くう」となるので、ワンネスとか無限ですね。無限をリミットにしちゃうって、すべてオーケー、“Everything is OK”となります。すべてが可能性でしかないという。

ジュリアン　素敵な言葉ですね（笑）。

はせくら　空（くう）がリミットだということは、逆を言ったら無制限の可能性の中のど真ん中に我があって、その空（くう）というリミットが色の次元に転写された時にかたちとして現れる。

ジュリアンという存在もはせくらみゆきという存在も、すべて空（くう）という次元がかたちになった宇宙ではないでしょうか。

ジュリアン　そう考えると、空（そら）、空（くう）という言葉自体、曼荼羅みたいな言葉ですね。

はせくら　その空（そら）が見える世界でかたちになっている私たちだとしたら、「この見える世界の中でのスカイ、無限の空（そら）を楽しもうよ」ということになりますね。

ジュリアン　想像するだけでワクワクです（笑）。

はせくら　今までの話をすべて含んでいる素晴らしい概念です。

◆ワンネスの世界では、すべてが可能です

ジュリアン　そういった心の持ち方だけでなく、つねに変化する世界を心から見ると、

それは安定というか、両極端極の見方が合わさるような。

空（くう）の世界、ワンネスの世界では、すべてが可能なのです。

はせくら　空（そら）って、曇りの日もあれば雨の日も、嵐の日も、風の日も、全部あります。でも、空（そら）＝空（くう）で、空（そら）は空（そら）です。

どれかがダメなわけじゃなくて、全部あるわけです。

全部ある中でも、ちゃんと空（そら）は空（そら）として保っていることができる。

私たちはどんなに悩もうが悲しもうが、私という存在があるかぎり、それはひとつの宇宙だから、安心してこの空（くう）の海を漂ってもいいよ、という気がします。

ジュリアン　何があっても大丈夫！

はせくら　Sky is the Limit. の伸びやかで、無限大に広がる世界が示されたことで、そろそろ私たちの対談を終えたいと思います。

最後に何か、日本の方に伝えておきたいメッセージがあれば、お願いいたします。

ジュリアン　ありがとうございます。日本だからこそこういう話ができるのだなと、今回も改めて思っています。

精神の世界を奥深く体験、理解できる国日本は、これから世界の中で大切な役割を演じると思います。フランスから見た日本は輝いている存在で、私たちフランス人はその存在をとても尊敬しながら、日本から来たあれこれを宝物として考えています。スピリチュアリティ以外にも、日本から来ている概念や新しい考え方は、フランスだけでなく、世界のあちこちまで影響を及ぼす素晴らしい力を持っていると思います。このような力を持っている日本は、これからより宇宙に沿うスピリチュアリティにまで世界を導くことができる、そしてそれが日本の役割ではないかと思います。

はせくら　ありがとうございます。胸が熱くなってきました。

日本人が心の奥で、うっすらと感じていたことを、フランス人のジュリアンから明言化していただけるのは感動です。

私自身としては、日本民族としての役割は、いにしえの先人たちから受け継がれた慣習や習俗、言葉の中に織り込まれている「調和」へと向かう心――つまり包み込みと利他的な精神を持つ、高次元の精神性を、これから身をもって世界に差し示していくことではないかと考えているんです。

とはいえ、日本と西洋といった二元的、相対的な考え方ではなく、地球をまるっと包み込んで、全体性として感じる意識の中で、相補的に歩めたらいいなと思っています。

その際に必要となるのが、粒子性（物質）ではなく、波動性（エネルギー）を捉える眼なのだと思います。

ジュリアン　まさしく、そうですね。

はせくら　今回の対談は、「存在たち」からのメッセージがきっかけとなったわけですが、おかげさまで「波動」や「周波数」について、体験をもとに、しっかり語り合えたと思います。……あれ、今さらですが、ふと思ったのは、この対談って彼らが仕組んでいたのかしら？

ジュリアン　きっと、そうじゃないかな。なぜなら僕らは皆、チームメンバーなので。おそらく、この地球の周波数が大きく変わろうとしている今、そこに住む人の意識を引き上げるために……特に、変容の鍵を握っている日本の人たち、はやく目覚めてください！　とフランス人の僕を使ってお知らせしているのかもしれませんよ。

はせくら　なるほど、そうかもしれません。それにしても、ジュリアンとの対談を通して、たくさんの気づきがありました。
たとえば、マインドの取り扱い方、日本人に対して表現された「敏感性」という概念、スペースを大切にするということ、宇宙船での記憶、Sky is the limit の世界、そして「宇宙として生きる」ということ、これから一つひとつ落とし込みながら、今後の暮らしに役立てていきたいと思います。

ジュリアン　数か月にわたり、充実した対談をありがとうございました。

はせくら　こちらこそ、本当に楽しく意義深い時間を過ごさせていただきました。
ありがとうございました。
今度はまた、パリと東京でお会いしましょう。

おわりに　多次元な生き方、多次元の自分へ

ジュリアン・シャムルワ

近年、世界は大きく変わりつつあります。特に昨今のコロナウイルスの影響もあって、社会的な構造をはじめ、既存の価値観――昔からの安定した考え方など、従来の概念が次々に崩れ始めたと思います。

「昔の考え方では、もう適応できない」と言われるようになってしまいました。

では「これからどうすればいいのだろう」と戸惑う方も多いのではないかと思います。

家族のあり方や作り方、仕事での関係と働き方、将来のことなど、昔は深く考えなくてもよかったかもしれませんが、残念ながら今はそうではなくなってしまいました。

しかし、将来に向けて、「これからどうすればよいのか」と考える余裕があることは、

実は素晴らしいチャンスなのではないかと思います。

なぜなら、これから**「創造者」として生きることができるからです**。

「創造者」というのは、近年よく聞くようになった言葉ですが、自分の人生を自分で決めること、従来のやり方から解放され、これまでの常識に捉われずに、より自分らしい生き方を創る姿勢であるということです。

そう聞くと、「誰でもできる生き方じゃないか」と思われるかもしれませんが、実はそう簡単ではありません。

こういった生き方は、より責任感が必要とされ、状況によって新しい対応を考える必要もある生き方なので、意識のレベルをつねにアップし続けないといけない生き方なのです。

とはいえ、意識のレベルを上げることによって、新しい気づきもたくさん得られるようになります。

私たちは今「意識の時代」を生きているのではないかと思います。

時代が不安定であるからこそ、私たちの内面的な安定性が必要である今この時代は、「私とは何か？　これからどんな人生を歩みたいのか？」という根本的な疑問を抱く時代でもあるのです。

そして、「私」という個人な存在に対して、どう思えば、どう捉えればよいのかということも、今の時代の一つの課題であると思います。

この疑問に対して、正解はありません。

場所、事情、またはどんなことをやりたいのかによって、固定した「私」が必要になる時もありますし、より柔軟性を持った「私」という概念がふさわしい時もあります。

それは今の時代の特徴で、「私」という存在を「調整」できること、つまり自分のアイデンティティを顕在意識で決めることができるのです。

このような時代に適しているのは、宇宙の流れ、宇宙の動きに沿った生き方なのではないでしょうか？

そしてそれは、宇宙の存在たちが、私たちに教えようとしている生き方ではないかと、私は思います。

「宇宙として生きること」というのは、日常生活の中で責任を持った「創造者」として自発的に現実に取りくみ、何があっても、ひたすら前へ進むという動き、生き方だと思います。

そうすることによって、自分らしく生きることができるし、喜び溢れる生き方もできるのではないかと思います。

私は、日常生活の中でこういった生き方を体験しています。

何があっても、喜びを忘れないこと。

創造者として、喜びの力で何でも乗り越えることができると信じています。

Cosmic Truth

時を超えて時の中に　場を創り　貴方は居る
いる　ある　そこにいる　そのままある
貴方という宇宙が　そこに居る　在る
時は満ち　その真実を知るのは　今

宇宙は　貴方と共にある　共にいる
貴方が考えることは　瞬く間に宇宙へと伝搬され
宇宙は　貴方に呼応して　命じた世界を展開させる

貴方は一つの　宇宙である
これが宇宙の　真理である

すべてものに　意識は宿り
意識は　あらゆる時空へと拡がり
多層多重な真実を　展開させる
ものの中にある心　心の中にあるもの
二つは相関し合い　一つの宇宙を創り出す

貴方は　貴方が考えているよりも
遥かに偉大で　深遠なる存在である

意識を広げよ　解き放て
縛るものなど　何もないことを知れ

宇宙は貴方の想いを　忠実に映し出す水鏡である

空間を観る眼を養えよ　空の中にある間《ま》を感受せよ
空間の中に満ちている　聖なる気配を感得せよ

貴方は　いついかなる時も　護られている　愛されている
貴方は　可能性の海から湧き出ずる　至極の輝石である

Sky is the limit.　Sky is me.

全ては繋がりの中に在らんことを
全ては愛の中に在らんことを

by はせくらみゆき & BEING

『波動の時代を生きる　ワンネスと宇宙意識』
発売を記念して、講演会を開催します！

講師：はせくらみゆき×ジュリアン・シャムルワ

新刊の発売と本講演に合わせて、パリ在住ジュリアン氏が来日します！

パリでの出会いをきっかけに、日本とフランスで交流を続けていたはせくらみゆき氏とジュリアン氏の待望のコラボがついに実現!!

この世界は波動からできている、見えない次元とのつき合い方、多次元宇宙の秘密、ワンネス的な生き方とは？　など本には書けなかったお話が盛りだくさん。地球の周波数が大きく変わろうとしている今必要な、お二人の貴重な講演会です。この機会をお見逃しなく！

皆様の参加をお待ちしております。

日時：2月11日（土・祝）
開場：13：30　開演：14：00　終了：17：00
料金：8,800円（税込み）
60名限定
会場：都内（場所は後日お知らせします）

アーカイブ動画配信　5,000円（税込み）
※同時配信ではなく、数日後の配信となります。

お申し込みは下記のアドレスにお問合せ下さい。
お問合せ：http://tokuma-sp.moo.jp/hadou_no_jidai_wo_ikiru/event/

※東京都のコロナウイルス対策における自粛要請により、会場での開催が難しく中止の場合や、動画配信に変更される場合もございます。予めご了承ください。

はせくらみゆき

画家・作家。生きる喜びをアートや文で表すほか、芸術から科学まで幅広い分野で活動するマルチアーティスト。国内外での個展の他、セミナーなどで活躍中。2017年にはインド国立ガンジー記念館より芸術文化部門における国際平和褒章を受章。2019年には国際アートコンペ（伊）にて世界3位、翌年のコンペ（英）では2位となる。他にも雅楽歌人としての活動や、教育コンテンツの開発などがある。主な著書に『令和の時代が始まりました！』『コロナショックから始まる変容のプロセス』『パラダイムシフトを超えて　いちばん大切なアセンションの本質』『夢をかなえる、未来をひらく鍵　イマジナル・セル』（すべて徳間書店）他、約60冊ほどの著作がある。趣味はノートまとめと朝散歩。（社）あけのうた雅楽振興会代表理事。英国王立美術家協会名誉会員。日本美術家連盟正会員。Accademia Riaci 絵画科修士課程卒（伊）。北海道出身。

はせくらみゆき公式 WebSite　https://www.hasekuramiyuki.com/
（社）あけのうた雅楽振興会　https://www.akenoutagagaku.com/

ジュリアン・シャムルワ（Julien Chameroy）

1980年、フランスのディジョン市生まれ。パリ第5大学で人類学修士および言語学修士。台湾の淡江大学外国語文学部でフランス語助教授を1年間勤め、帰国後パリ第3大学で教育科学博士。16歳でUFOを目撃して以来、謎の宇宙人との交流が始まり、予備知識もないままに繰り返しワンネスを体験。その現象を長年つぶさに記録した手記から『ワンネスの扉　心に魂のスペースを開くと宇宙がやってくる』（ナチュラルスピリット）が生まれる。現在はパリ在住。都会の中心に自然との絆を取り戻すことを目的に、コミュニティガーデンの活動に力を注ぐ。現在はアメリカ人向けの旅行会社を経営している。日本語は1994年より独学を始め、留学生との交換学習を通じて会話を習得。日本語能力試験1級、華語（台湾中国語）文能力測験B1取得。著書に、台湾でのフランス語テキスト『法文凱旋門　Clés du français』（聯經出版社）、フランスの日常会話と旅ガイド『用法國人的一天學法語』（我識出版社）。

フェイスブック　https://www.facebook.com/doorwaytooneness/
コミュニティーガーデンのフェイスブック（フランス語のみ）
https//www.facebook.com/jardiniersdu5eme/
インスタグラム　@chameroyjulien
メール（日本語可）　doorwaytooneness@gmail.com

波動の時代を生きる
ワンネスと宇宙意識

第1刷　2023年1月31日

著　者　はせくらみゆき
ジュリアン・シャムルワ

発行者　小宮英行
発行所　株式会社 徳間書店
〒141-8202　東京都品川区上大崎3-1-1
目黒セントラルスクエア
電話　編集(03) 5403-4344／販売(049) 293-5521
振替　00140-0-44392

印刷・製本　大日本印刷株式会社

本書の無断複写は著作権法上での例外を除き禁じられています。

購入者以外の第三者による本書のいかなる電子複製も一切認められておりません。

乱丁・落丁はお取り替えいたします。

©2023 HASEKURA Miyuki, JULIEN Chameroy Printed in Japan
ISBN978-4-19-865568-6

徳間書店の本★大好評９刷！

2040年の世界とアセンション

著者：吉濱ツトム

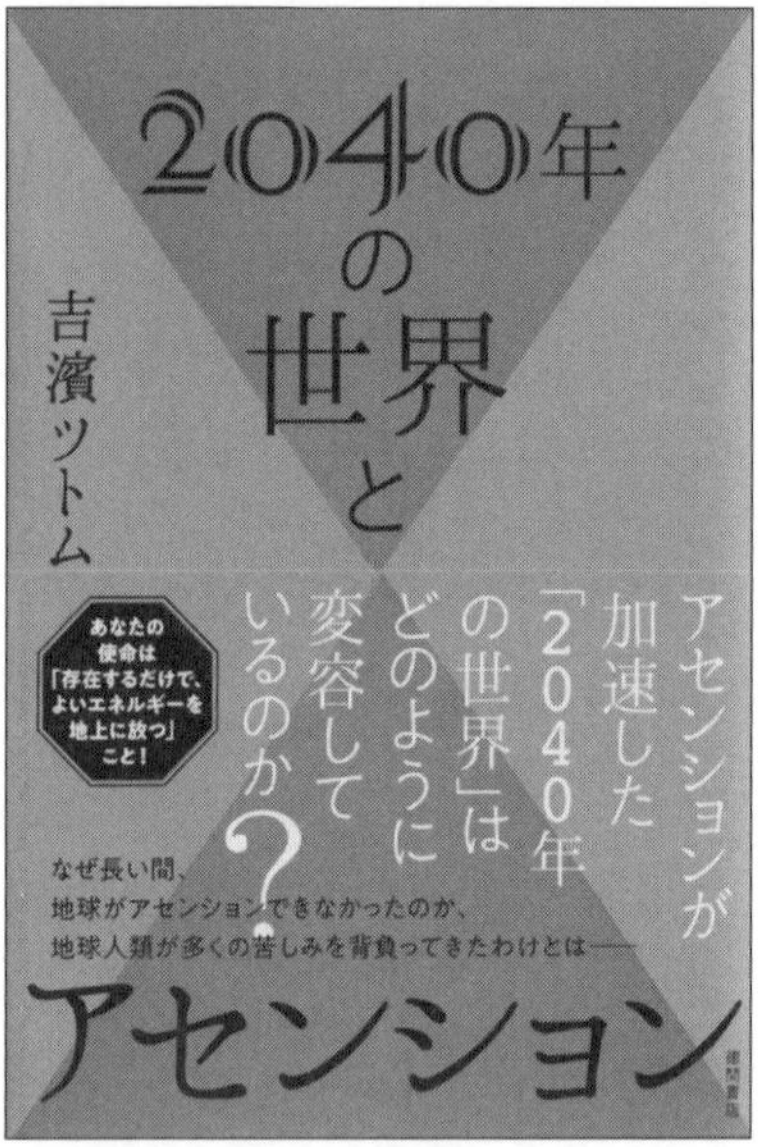

過去に6回失敗してきた地球のアセンションが、
なぜ今回は成功するのか。また、長い間、地球が
アセンションできなかった原因とは何か。
地球人類が多くの苦しみを背負ってきたわけとは――
宇宙人、UFO、ブラックホール、若返り、死の超越、
超身体能力、仮想現実、フリーエネルギー、
異次元との交信など、高次元からの最新情報！

プレアデス、シリウスなど、アセンションをサポートする大師たち／2040年頃、UFOはどんな姿でどう表れるのか／北極と南極で超常現象が多発する？／2040年、平均寿命は130歳を超えている？／異次元存在を降臨させることができる？／2040年に日本をリードしている人物とは

お近くの書店にてご注文ください。

徳間書店の本★大好評３刷！

アセンションを導くプレアデス

あなたがどの星から来たのかがわかる！

著者：吉濱ツトム

アセンションが加速する、吉濱ツトムさんの
「高次元エネルギーカード」特典付き！

地球のアセンションに深く関わっている〈プレアデス〉という
存在とは何か？　日本は「世界のチャクラ」。
日本の波動が上昇すると地球全体のアセンションが加速される！

◎僕のハイアーセルフであるプレアデス人
◎体外離脱でプレアデス存在と出会う／コンタクトの詳細
◎パラレル宇宙へ行ったり、UFOの母船に乗ったこと
◎プレアデスが示す近未来予想図2040〜2060年
◎エジプト、ヒマラヤなど僕の過去生と魂のミッション
◎「あなたがどの星から来たのか」がわかるチェックリスト
　プレアデス／シリウス／オリオン／エサナニ／アルクトゥルス／

お近くの書店にてご注文ください。

徳間書店の本★大好評４刷！

お金、成功、ご縁！
すべてが用意されている
ゼロポイントフィールドにつながる生き方

著者：村松大輔

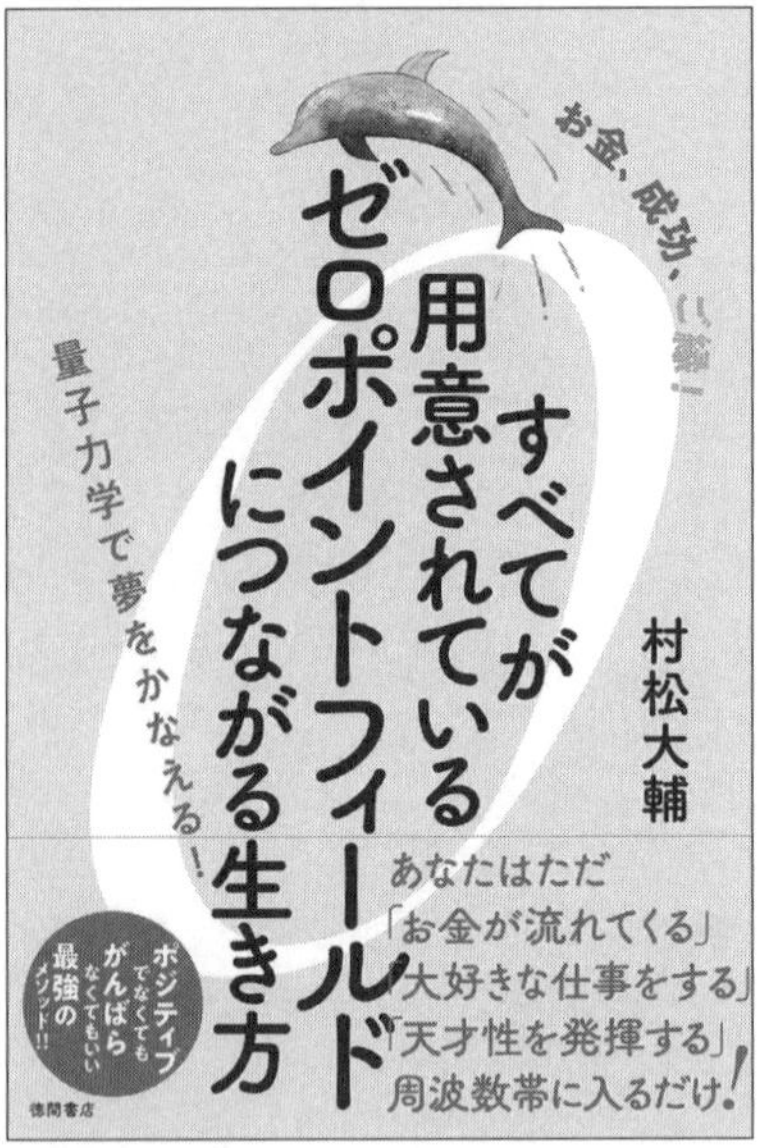

あなたはただ「お金が流れてくる」「大好きな仕事をする」
「天才性を発揮する」周波数帯に入るだけ!
そこに繋がれば、ご縁が広がり、
環境が変わり、思い通りの夢をかなえる人生に!
量子力学で夢をかなえる方法!!

お金、仕事、生き方、恋愛、健康の悩みが解決。
1万9000人以上の人に「高い波動で望み通りの人生を
現実化する方法」を伝える著者の、ポジティブでなくても、
がんばらなくてもいい、最強のメソッド!!

◎人生がスムーズにいかない人がはまる悪循環とは？
◎一瞬で、あなたの世界と周波数が変わるひみつ
◎「お金が流れてくる」「願いをかなえる」周波数帯はどんなところ？

お近くの書店にてご注文ください。

徳間書店の本★大好評２刷！

わたしにうれしいことが起こる。
ゆるんだ人から、叶っていく

著者：植原紘治×服部みれい

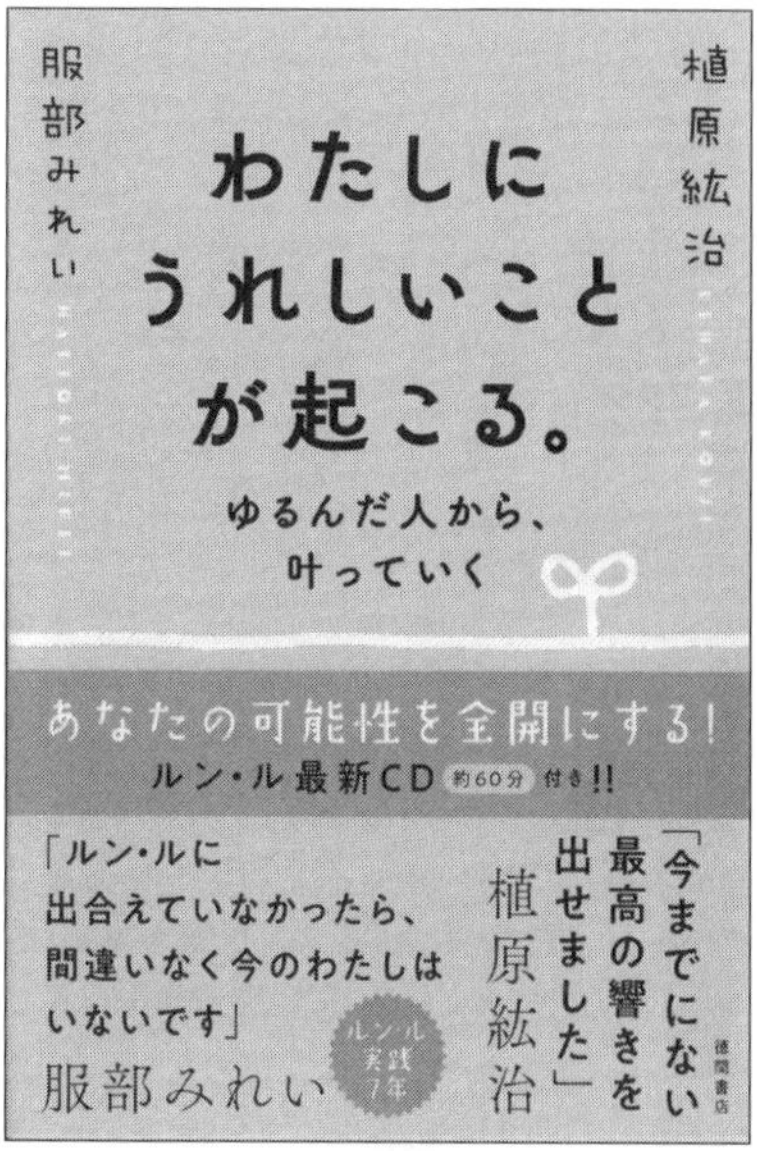

悲しみや不満、怒り、自分を縛りつけているものなど、
あなたがため込んできたものを手放して、
ゆるんでいくほどに願いが叶う、不思議の法則。

デルタ脳波速読法ルン・ルの最新CD付き！
約60分のロングバージョン！！
「今までにない最高の響きを出せました」 ――植原紘治

超絶なシンクロニシティがバンバン起こるわけ／ルン・ルでまちがいなく仕事が速くなる⁉／あなたの願いが叶ったとき、どんな顔になっている？／本当に豊かになるには、まずゆるむこと／「臆病さ」がなければ、本当の成功はない／ゆるんでいくと、誰からも利用されなくなる／願うなら、限度のない、とんでもなく大きな夢を！

お近くの書店にてご注文ください。

徳間書店の本★好評既刊！

コロナショックから始まる変容のプロセス

──これから何が起ころうとしているのか──

著者：はせくらみゆき

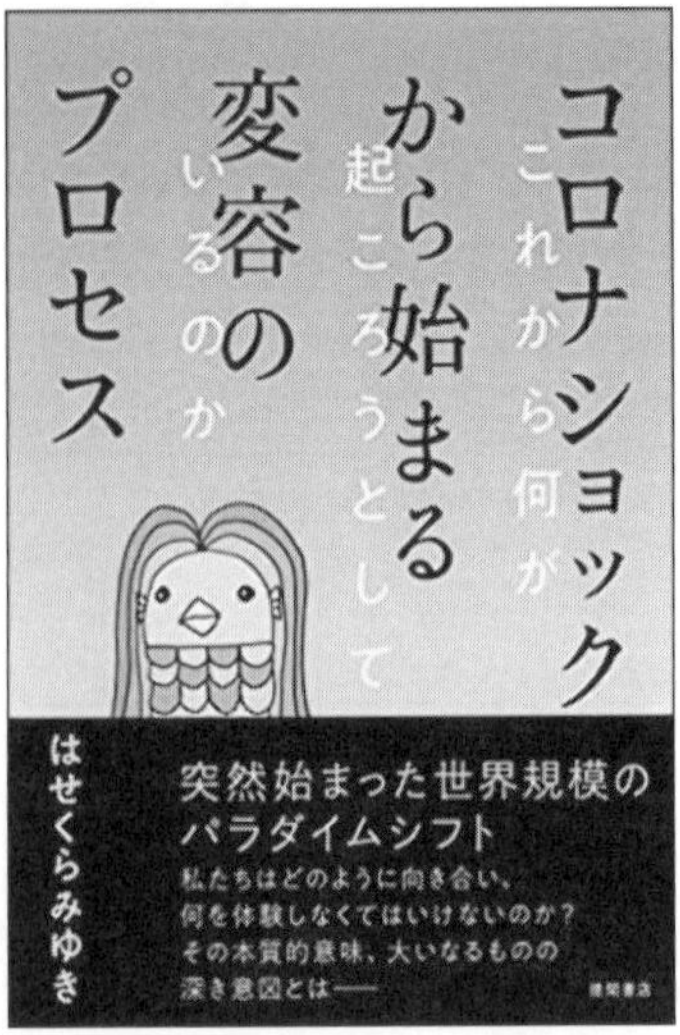

突然始まった世界規模のパラダイムシフト。
新型コロナウイルスが現れた理由とは何か？
これから何が起ころうとしているのか？
私たちはどのように向き合い、何を経験しなくてはいけないのか？
その本質的意味、大いなるものの深き意図とは──

私たちの暮らしと生き方の変化は？　食糧危機が起こる？　国際情勢と経済危機は？　集合意識が困難を選んだ今こそ、知っておいてほしいこと。

新型コロナウイルスとの意識対話／あなたは何者？／なぜあなたは今ここ（地球）に現れたの？／あなたがここに来るのを、地球（の意識）は歓迎しているの？／いつ、いなくなってくれるの？

お近くの書店にてご注文ください。

徳間書店の本★大好評２刷！

パラダイムシフトを超えて
いちばん大切なアセンションの本質

著者：はせくらみゆき

自己変容へ至る道と、次元上昇――アセンション
の実像をていねいに説いた、はせくらみゆき氏
著書累計50冊目を記念する注目の書き下ろし！

コロナパンデミックから２年がたち、これから世界はどうなるのかを集合意識で見ると、ハードランディングをもって学ぶというタイムラインを選択しました。このまま、無意識・無自覚に変化していく流れに乗るのか？　それとも、集合意識を超えて「新しい現実」をつくっていくのか――。魂の声に気づくための超メッセージ！

自分がどの次元、どの時空にいるか知りたいとき／感性のステージを上げる生き方／直観力――あなたの本質であり、叡智の力／続々届いたパラレルワールド報告／あなたのエネルギーを吸い取るエナジーヴァンパイア／気がついたら「あなたの世界がガラリと変わる」方法／「悟り」はゴールではなく、スタート地点／あなたが地球を立ち去る時、何を言いますか？／あなたを次のステージへ導くもの

お近くの書店にてご注文ください。

徳間書店の本★好評既刊！

夢をかなえる、未来をひらく鍵
イマジナル・セル

著者：はせくらみゆき

あなたの中にある「羽ばたく力」が花開くひみつの法則！
願うこと、思うこと、うっとりすること――。
「夢見る力」が導いてくれるもの。
これからの新しい世界を生きるあなたへ向けた、
はせくらみゆきさんが今一番伝えたい、珠玉のメッセージ！

新しい可能性――イマジナル・セル／「変化を恐れる」生き物として進化してきた私たち／別れやトラブル――慣れ親しんだカラを破る時／イマジナル・セルをバージョンアップさせる5つのステップ／恐れを抱いた時は「動け！」の合図／状況や人間関係からの「脱皮」の仕方／人生のステージが変わるときの意味／あなたの生き方が、他の人々に影響を与えている世界／動けばまた、新しい風景が開けていく

お近くの書店にてご注文ください。